國家社科基金重大委托項目“《子海》整理與研究”成果
山東省社科規劃重大委托項目成果

子海精華編

主編 王承略 副主編 聶濟冬

四存編

[清]顏 元 撰 徐雁平 點校

鳳凰出版社

圖書在版編目（ＣＩＰ）數據

四存編 / (清) 顔元撰 ; 徐雁平點校. -- 南京 :
鳳凰出版社, 2016.6（2017.3重印）
（子海精華編 / 王承略主編）
ISBN 978-7-5506-2373-6

Ⅰ. ①四… Ⅱ. ①顔… ②徐… Ⅲ. ①古典哲學－中
國－清代 Ⅳ. ①B249.51

中國版本圖書館CIP數據核字(2016)第088117號

書　　名	四存編
著　　者	(清)顔元 撰　徐雁平 點校
責任編輯	郭馨馨
出版發行	鳳凰出版傳媒股份有限公司 鳳凰出版社(原江蘇古籍出版社) 發行部電話025-83223462
出版社地址	南京市中央路165號,郵編:210009
出版社網址	http://www.fhcbs.com
經　　銷	鳳凰出版傳媒股份有限公司
照　　排	江蘇鳳凰製版有限公司
印　　刷	江蘇鳳凰揚州鑫華印刷有限公司 揚州市江陽工業園蜀崗西路9號,郵編:225008
開　　本	890×1240毫米　1/32
印　　張	7.75
字　　數	168千字
版　　次	2016年6月第1版　2017年3月第2次印刷
標準書號	ISBN 978-7-5506-2373-6
定　　價	48.00圓 (本書凡印裝錯誤可向承印廠調換,電話:0514-85868858)

國家社科基金重大委托項目“《子海》整理與研究”成果之一

《子海精華編》

《子海精華編》出版説明

"子海",即"子書淵海"的簡稱。"《子海》整理與研究"課題係國家社科基金重大委托項目、山東省社科規劃重大委托項目。該課題分《珍本編》、《精華編》、《研究編》、《翻譯編》四個版塊,力圖把子部珍稀文獻、精華文獻進行深層次的整理、研究和譯介,挖掘子部文獻的價值,促進子學研究的發展。

山東大學向來以文史見長。古籍整理與子學研究,是其中的傳統研究方向。"《子海》整理与研究",是在山東大學前輩學者高亨先生積 30 年之力陸續做成的《先秦諸子研究文獻目録》的基础上,由已故著名古籍整理與研究專家董治安先生參與策劃、設計的大型綜合研究課題。課題立項後,得到了中宣部、教育部、財政部、山東省政府和山東大學的大力支持,學界同仁踴躍參與。《精華編》的整理研究團隊近 200 人,來自海内外 48 所高校和研究機構。在組織管理上,《精華編》努力探索傳統文化研究協同創新的新體制、新機制,現已呈現出活力和實效。

華夏文明是由多元文化構築而成的。中國古代子部典籍,以歷代士人個性化作品的形式,系統性地展示了華夏民族的世界觀和方法論,立體性地反映了中華民族對世界文明發展的貢獻。其中,無論是宏篇大論,還是叢殘小語,都激蕩著歷史的聲音,閃爍著智慧的光芒,構成中國古代思想、藝術、科技和生活方式的主體内容。《精華編》通過對子部最优秀的典籍的整理,一方面擷英取粹,爲華夏文明的傳播提供可靠的資源和文本;另一方面以古鑒今,爲當下社會的發展提供智力支持和精神支撐。并希望進而梳理中華傳統文化的多元結構,繼承中華優秀傳統文化的一貫文脈。

根據漢代以後子學發展和子部典籍的實際情况,參照官私目録的分類與著録,《精華編》選取先秦諸子、儒學、兵家、法家、農家、醫家、曆算、術數、藝術、雜家、小説家、譜録、釋道、類書等十四個類目的要籍幾百種,編爲目録,作爲整理的依據,而在成果展現上則不出現具體的類目。爲統一體例,便於工作,《精華編》編有詳細的《整理細則》,并有簡明的《整理要則》,供整理者遵循使用。

《精華編》整理原則是,對每種子書的整理,突出學術性、資料性和創新性,力求吸納已有的整理成果,推出更具參考價值、更方便閲讀的整理文本。所採用的整理方式,大體有三種:一、部頭較大且前人未曾整理者,採用標點、校勘的方式整理;二、前人曾經標點、校勘者,或採用抽换更好或别具學術特色底本的方式整理,或採用集校、集注的方式整理,或採用校箋、疏證的方式整理,或綜合使用以上方式;三、前人已有較好的注本者,則採用集注、彙評、補正等方式整理。

《精華編》採用五次校審、遞進推動的管理程式,即:一、初校全稿。子海編纂中心組織碩、博研究生,修改文稿錯别字,規範異體字,調整格式,發現並標明校點中的不妥之處。二、初審文稿。子海編纂中心的編纂人員根據情况,解决初校時發現的問題,并判斷書稿的整體質量。三、匿名評審。

聘請資深教授通審全稿，全面進行學術把關，消滅硬傷，寫出審稿意見。四、修改文稿。子海編纂中心及時把專家審稿意見反饋給整理者。整理者根據審稿意見修改，做出新文稿。五、終審文稿。待新文稿返回子海編纂中心後，總編纂作最後的學術質量把關。五步程序完成後，將文稿交付出版社。

五次校審的目的是爲了保證學術質量，提高整理水平，減少錯訛硬傷。但校書如塵埃落葉，隨掃隨有，《精華編》雖經多道程序嚴加把關，仍難免有錯，懇請方家不吝指教。子海編纂中心將及時總結經驗，吸取教訓，把工作做得更好，以實現課題設計的初衷。

目 録

顔學述論
——代整理説明 …… 1

存性編

序(李塨) …… 3
校訂同人姓氏 …… 5
受業門人姓氏 …… 6
卷一 …… 8
駁氣質性惡 …… 8
明明德 …… 9
棉桃喻性 …… 10
借水喻性 …… 11
性理評 …… 11
卷二 …… 30
性圖 …… 30
朱子性圖 …… 30
妄見圖 …… 31
附録同人語 …… 45

書後 …… 45

存學編

序(郭金城) …… 49
序(李塨) …… 50
卷一 …… 52
由道 …… 52
總論諸儒講學 …… 54
明親 …… 55
上徵君孫鍾元先生書 …… 59
上太倉陸桴亭先生書 …… 60
學辯一 …… 63
學辯二 …… 66
卷二 …… 69
性理評 …… 69
卷三 …… 91
性理評 …… 91
卷四 …… 112
性理評 …… 112

存治編

序(李塨) …… 129
王道 …… 131
井田 …… 132
治賦 …… 136
八陳圖説 …… 137

學校 …… 139
封建 …… 141
宫刑 …… 144
濟時 …… 145
重徵舉 …… 146
靖異端 …… 148
書後(李塨) …… 150

存人編

序(李塨) …… 155
唤迷途序 …… 156
卷一 …… 159
　唤迷途 …… 159
卷二 …… 172
　唤迷途 …… 172
卷三 …… 187
　明太祖高皇帝釋迦佛贊解 …… 187
卷四 …… 191
　毁念佛堂議 …… 191
　闢念佛堂説 …… 193
　擬諭錦屬更念佛堂 …… 195

顔學述論[1]

——代整理説明

一　關於《四存編》及其校點

顔元，字易直，又字渾然，直隸保定府博野縣人，生於崇禎八年(1635)，卒於康熙四十三年(1704)。錢穆嘗衡量北宋以來千年之學術，以爲"習齋之氣魄力量，要不失爲一代豪傑"。[2] 顔元的著作中，《四存編》最能代表其學説思想。

《四存編》名爲四編，實際是先有三編，《存人編》乃顔元弟子彙編之作，成書最後。李塨康熙四十四年所撰《存人編序》云："顔先生《三存編》訖，人將得復性力學蒙治也，快矣哉！而先生愀然慮，謂異端鴟張，方舉世而空之虚之，人類行盡，又何學，又何治？而又安所謂性？……先生乃復著《唤迷途》、《釋迦佛贊解》，并《與張京兆議》者，類爲《存人編》。"三編中，據李塨康熙乙酉《書後》言："《存性》、《存學》皆悟聖學後著，獨《存治》在前，乃壯歲守宋儒學時所作也。"李塨康熙戊辰年撰《存性編序》云："今去孔孟二千年，而習齋顔先生

① 顔元之學，前賢論述較多，似難有更多發明與發現，故此處對顔學的介紹以述爲主，間附簡要論説與必要的梳理。

② 錢穆《中國近三百年學術史》，商務印書館 1997 年版，第 220 頁。

出……乃豁然獨見孔孟遺緒,作《三存編》。首以"存性",謂理即氣之理,氣即理之氣。"則在李塨看來,《存治編》雖成書早,但在學理上似不及《存性編》重要。

《四存編》中《存人編》與其他三編相比,頗有差異:其一,論説方式不同。《存人編》爲宣講,其他三編多爲以問答式展開的辨析;其二,結構不同。《存人編》結構較爲鬆散,不如其他三編因爲有集中討論的主題而結構緊湊;其三,語氣不同。《存人編》宣講時居高臨下,語氣峻刻,且多恐嚇之語、極端之句,與其他三編所顯露的氣息不同。《四庫全書總目》對《存人編》第三卷有批評之語:"三卷爲明太祖《釋迦佛贊解》一篇,太祖本禪家機鋒語,元執其字句而解之,非其本旨。且闢佛亦不必借此贊,恐反爲釋子藉口。"則其選材似有失當之處。而第四卷"附録東鹿張鼎彝《毁念佛堂議》及元所撰《闢念佛堂説》、《擬更念佛堂諭》,則元尋父骨至錦州,應鼎彝之請而作,時鼎彝爲奉天府尹也",有湊合成卷之意。① 四編整體考量,當以《存性編》、《存學編》、《存治編》爲主體,而《存人編》似可視爲次要的附録。戴望編《顔氏學記》於前三編選輯文字最多,獨於《存人編》擇選寥寥數語。如此偏向,似可作爲推定《存人編》爲《四存編》次要部分的一個證據。故下文述論,以前三編爲重點,以顔元其他著述爲參照。

《四存編》作爲整體彙集刊印,似以《畿輔叢書》本最早。該叢書由直隷定州王灝輯刊,王灝約於光緒五年(1879)至十八年搜集畿輔先哲遺書,黄國瑾、錢恂爲之校定,後於保定設局開雕,由王樹枏、胡景桂主其事。雕刊未竣,王灝病故。光

---

① 永瑢等撰《四庫全書總目》,中華書局 1965 年版,第 823 頁。

緒三十二年京師書肆集資彙印叢書中已刊諸書，由陶湘編訂。稍後1923年四存學會排印的《顔李叢書》，是以《畿輔叢書》本爲底本。臺北新文豐出版公司《叢書集成新編》第23册所收《存學編》、《存性編》，據《畿輔叢書》本。陳居淵導讀《習齋四存編》(上海古籍出版社2000年版)亦以《顔李叢書》本爲底本。

《四存編》四編的順序，存世諸版本中，往往不同。《畿輔叢書》、《顔李叢書》的順序是《存學編》、《存性編》、《存治編》、《存人編》。而此前具有權威性質的《四庫全書總目》卷九十七子部"儒家類存目三"的排列順序是《存性編》、《存學編》、《存治編》、《存人編》。後來通行的王星賢校點本對四編的排序依據是:"現在根據著者《存性編圖跋》所説，先《存性》，次《存學》和《存治》。《存人編》他自己没有提及，大約是他死後他的弟子所編，所以附在最後。"①綜合《四庫全書總目》與顔元自述、《四存編》的内在學理，現定《四存編》的順序爲《存性編》、《存學編》、《存治編》、《存人編》。

《顔元集》(王星賢、張芥塵、郭征點校，中華書局1987年版)中所收《四存編》，是依據王星賢標點《四存編》:"本書用一九二三年四存學會編印的《顔李叢書》本標點付印，并依據《畿輔叢書》本校正了錯字。"②這兩個版本相比較，中華書局本遜色不少，主要是其中出現了兩處明顯的印刷裝訂錯誤，該本第146—147頁《與孫正孺》、《與談子立》、《與毛舜舉》，即從"又，和公所以"至"有望於警策也"兩頁文字，經核對查

---

①② 顔元著，王星賢校點《四存編》卷首《出版者説明》，古籍出版社1957年版。

檢，出自宋人胡宏《五峰集》，①與顏元無關；又，《存人編》卷首所録《明太祖高皇帝釋迦佛贊解》缺頁。

《四庫全書存目叢書》（齊魯書社 1997 年版）所收《四存編》中，《存性編》二卷、《存治編》一卷、《存人編》四卷均以中國科學院圖書館所藏康熙刻本为底本；《存學編》據中國科學院圖書館所藏光緒二十五年閻志廉鈔本爲底本；《續修四庫全書》（上海古籍出版社 2002 年版）子部儒家類所收《四存編》底本與《四庫全書存目叢書》底本完全相同。

無論是《畿輔叢書》本，還是《顏李叢書》本，以及以《顏李叢書》本爲底本的標點本，都存在一個問題，即將康熙刻本和光緒鈔本的部分序跋、評語，以及"校訂同人姓氏"、"受業門人姓氏"等文字删除，而這些序跋，有數篇出自顏元弟子或顏李學派中人之手，對理解顏元思想和顏李學派的形成有一定作用。

本次整理《四存編》所采用的版本，皆以《續修四庫全書》所依據版本爲底本，其中《存性編》、《存治編》、《存人編》所依據的版本是最好的版本；《存學編》這一鈔本的底本難以考察，該本文字與《畿輔叢書》本略有不同。現將整理所用各種版本分述如下：

（一）《存性編》、《存治編》、《存人編》統以《續修四庫全書》中所依據的康熙刻本爲底本。而《存學編》的底本爲光緒二十五年(1899)鈔本；

（二）以傳世較廣的《畿輔叢書》本、《顏李叢書》本爲主校本；

---

① 胡宏《五峰集》，《四部叢刊》本(據明景泰翻刻本影印)。

（三）以今人王星賢標點本、中華書局《顏元集》本等爲參考本。

這次整理的用力處在以下兩方面：

（一）力圖通過底本的選擇，還原"四存"最初刊刻、傳抄時的狀態，即保留作爲"次要"文字的序跋、評語等，而這些内容在此前整理本中皆未得到妥善處理，追究其中原因，多由選擇版本不當所致。

（二）全面校訂顏元在書中引述的前人文字，所引據之書，大多數利用宋、元、明刻本校核，如此可考察顏元在引述中的改易與錯漏，從而可據以校正後來整理本中的部分疏誤。

對顏元在《四存編》中所引前人文字的校核，目的在於正本清源，考察現存較好的版本中潛存的問題。以《四存編》所引文字與原文對照而言，形成的差異有可能是顏元出於論説的方便而有意進行的改動，這或許是古人著書時的一種引述習慣；也有可能是無意的疏忽而出現的錯漏。此外，還有一種與政治相關的文字差異，如：

> 問："龜山晚年出，是不可曉。其召也以蔡京，然則朝亦無大建白。"朱子曰："以今觀之，則可以追咎當時無大建白。若自己處之，不知當時所當建白者何事？"（《存學編》卷二）

> 陳氏協曰："……至元豐改制，皆自王安石作俑，創爲功利之圖，浸致邊疆之侮。是其畎畝不忘君之心，豈若沮溺輩索隱行怪之比耶！"（《存學編》卷二）

第一則引文中的“然則朝亦無大建白”,《朱子語類》卷一百一原作“然在朝廷亦無大建明”;第二則引文中的“浸致邊疆之侮”,羅從彦《豫章文集》卷十五原作“兆裔夷”。兩處改易,明顯是清代文字獄留下的痕迹。至於是何人迫於形勢進行改易,當在作者、編者、刊刻者之間尋找。由此似乎可以推測,刻本中的文字可能已經被“潤飾”,顏元的遺民思想可能已被清洗。

二　顏元及其學術思想

考量顏元在明末清初學術思想界的地位,應將其置放於所處的歷史背景中,似可有較爲具體可感的把握。現參照梁啓超《中國近三百年學術史》各章列出的重要人物,將在明萬曆至康熙朝活動的重要學術或思想人物列出,其中江浙兩省13人,直隸3人,山西2人,山東1人,陝西1人,湖南1人,重要人物的分布,大致可勾勒出其時的學術思想版圖。

孫奇逢(萬曆十二年至康熙十四年,1584—1675,直隸容城人)

傅山(萬曆三十五年至康熙二十九年,1607—1690,山西陽曲人)

黄宗羲(萬曆三十八年至康熙三十四年,1610—1695,浙江餘姚人)

張履祥(萬曆三十九年至康熙十三年,1611—1674,浙江桐鄉人)

陸世儀(萬曆三十九年至康熙十一年,1611—1672,江蘇太倉人)

方以智（萬曆三十九年至康熙十年，1611—1671，江南桐城人）

顧炎武（萬曆四十一年至康熙二十一年，1613—1682，江蘇崑山人）

王夫之（萬曆四十七年至康熙三十一年，1619—1692，湖南衡陽人）

馬驌（天啓元年至康熙十二年，1621—1673，山東鄒平人）

李顒（天啓七年至康熙四十四年，1627—1705，陝西盩厔人）

陸隴其（崇禎三年至康熙三十一年，1630—1692，浙江平湖人）

顧祖禹（崇禎四年至康熙三十一年，1631—1692，江蘇無錫人）

胡渭（崇禎六年至康熙五十三年，1633—1714，浙江德清人）

萬斯大（崇禎六年至康熙二十二年，1633—1683，浙江鄞縣人）

顔元（崇禎八年至康熙四十三年，1635—1704，直隸博野人）

閻若璩（崇禎九年至康熙四十三年，1636—1704，山西太原人）

萬斯同（崇禎十六年至康熙四十一年，1643—1702，浙江鄞縣人）

李塨（順治十六年至雍正十一年，1659—1733，直隸蠡吾人）

王懋竑(康熙八年至乾隆六年,1669—1741,江蘇寶應人)

顧棟高(康熙十八年至乾隆二十四年,1679—1759,江蘇無錫人)

全祖望(康熙四十四年至乾隆二十年,1705—1755,浙江鄞縣人)[①]

以上所列,可顯示東南是人文之淵藪,而北方相對而言則較爲貧瘠、寥落,這也意味着顏元在這片遼闊的空間中的崛起具有特殊意義。一方面,與東南學者相比,顏元的崛起,幾乎没有有利的學術資源作爲支援,成就極難;另一方面,因周邊無强有力的學術對手,一旦崛起,影響力可能較大。

古代中國的學問傳承,特别看重家學與師承。家學與師承的傳授方式中隱含一種學問的譜系,所謂譜系不單與世代相關,且與學問的内在不斷地調整與完善相聯繫。這一過程中的學問,經過世代的修飾與充實,漸漸具備一種純粹性質,形成不易涉入險怪多變的路徑。

顏元在家學與師承方面,似乎没有憑藉。顏元家世貧寒,"戊寅(1638),遼東兵入畿輔,父被略去,母改適"。[②] 甲申(1644),顏元十歲,此年三月李自成攻陷京師。五月,清兵入。據李塨纂《顏習齋先生年譜》,顏元早年學習經歷可列舉如下:

① 上列人物生卒年、籍貫,依據江慶柏編著《清代人物生卒年表》,人民文學出版社 2005 年版。

② 戴望撰《顏氏學記》卷一,《續修四庫全書》本(據同治十年治城山館刻本影印),第 624 頁。

戊子，十四歲。看寇氏《丹法》，遂學運氣術。

己丑，十五歲。娶妻不近，學仙也。

庚寅，十六歲。知仙不可學……習染輕薄。

癸巳，十九歲。從賈端惠先生(珍)學，習染頓洗。

乙未，二十一歲。閱《通鑑》，忘寢食，遂棄舉業。雖入文社，應歲試，取悦老親而已。

丙申，二十二歲。以貧爲養老計，學醫。

丁酉，二十三歲。見七家兵書，悦之，遂學兵法，究戰守機宜。

戊戌，二十四歲。始開家塾，訓子弟，王之佐、彭好古、朱體三從游。名其齋曰思古，自號思古人，謂治不法三代，終苟道也。舉井田、封建、學校、鄉舉、里選、田賦、陣法，作《王道論》，後更名《存治編》。好古父通，號雪翁，以往來孫徵君、刁文孝間也，時作道學語。先生問之，乃出薛文清、王文成、蔡文莊《指要》及陸、王《要語》。復言孫、刁行蹟。先生深喜陸、王，手抄《要語》一册。

庚子，二十六歲。得《性理大全》觀之，知周、程、張、朱學旨，屹然以道自任。

辛丑，二十七歲。拜謁(刁包)，得其所輯《斯文正統》。……包，祁州人，舉天啓丁卯鄉試……甲申聞變，設烈皇帝主於所居之順積樓。

壬寅，二十八歲。與郭敬公、汪魁楚等十五人結文社，立社儀。

癸卯，二十九歲。作文社規，勉會友共力聖道。……爲日記，十日一會，考功過。

甲辰，三十歲。約王法乾訪孫徵君(奇逢)，以事未果。……(奇逢)十七歲,舉鄉試。居憂,盧於墓。時左光斗、魏大中、周順昌爲魏璫所陷下獄,徵君與鹿忠節公父正、張果中,藏匿其子弟,醵金謀完擬贓,時稱三烈士。鼎革後,移居輝縣之夏峰。①

十四歲至三十四歲,就讀書而言,是立根基的最佳時段。然考察顏元此一時段習業,似雜亂無序、徘徊不定,所學内容包括運氣、仙、《通鑑》、舉業、醫、兵法、道學等等,每一次選擇或改換延續時間大多不長,而且在十六歲至十八歲之間,他還染"輕薄"之習,可見其讀書似無良法。關於文社的記載,自顏元二十一歲起,這一時間,基本上就是清代讀書人參加文社的平均年齡;而二十九歲,與張仲禮推定的清代讀書人平均中舉年齡接近。文社中所學習的内容,完全爲科舉考試準備。② 興趣雜亂、無專精之書、在舉業上耗時較長,這似乎預示顏元日後發展,將難以在學術研究領域占據一席之地,特别是與東南地區學者擅長的經學、史學研究而言,顏元的短處更加明顯。此種境況的形成,固然有顏元家世方面的原因,還與地域學術傳統與圖書資源的布局有關,這只要從東南地區的學者、藏書家數量上考察,就可得到證明。從上引年譜材料以及顏元其他著述來看,顏元平生所讀之書比較有限。重實踐輕讀書是其主張,因而著述中不必涉及更多典籍;然而也應考慮到書籍短缺,在他的論説中造成的局限。

---

① 李塨纂,王源訂《顏習齋先生年譜》,《北京圖書館藏珍本年譜叢刊》本(據康熙四十六年刻本影印),第 26—45 頁。

② 徐雁平《清代文社與舉業》,見《人文中國學報》第 15 期(2009 年),第 205 頁。

先生少年豪勇，夜醉，馳馬數里而歸。後來養成徐緩，雖行二三里路，常委蛇緩步，如從容室中也。問："先生如何養？"曰："先生只是潛養思索。"他涵養得自是别，真所謂"不爲事物所勝"者。(《存學編》卷二)

程子曰："古人雖胎教與保傅之教，猶勝今日庠序、鄉黨之教。古人自幼學，耳目游處所見皆善，至長而不見異物，故易以成就。今日自少所見皆不善，纔能言，便習穢惡，日日鑠銷，更有甚天理？"(《存學編》卷四)

上蔡謝氏曰："學須是熟講，學不講，用盡工夫只是舊時人。'學之不講，是吾憂也'。仁亦在夫熟而已。"(《存學編》卷四)

以上三例皆出自《存學編》。《存學編》與《存性編》皆爲顏元三十五歲時所作，與《存治編》相比較，當更爲成熟。然回溯查檢，這三段文字的來源相同，皆出自《性理大全》，而不是出自作爲第一手文獻的《朱子語類》、《二程遺書》、《上蔡語録》。《存學編》中此類例證還能列舉多條，從此似可推定顏元所見之書十分有限，他對宋儒學説的關注，很可能就是依據《性理大全》這類的編選性質的二手文獻。回顧前文所引年譜材料，《性理大全》正是顏元二十六歲開始閲讀并對他産生重要影響的書籍。顏元的學問由此書開啓，十年之後，他對宋代理學的批評，又以此書爲目標之一。無論是非，《性理大全》已經成爲構建顏元思想世界的柱石。

顏元三十四歲時，學問與思想發生分界性的轉折。

至二十六歲，得《性理大全》，見周、程、張、朱語録，幡然改志，以爲較陸、王二子尤純粹切實，又是孔孟後身也。進退起居，吉凶賓嘉，必奉《文公家禮》爲矩矱，奉《小學》、《近思録》等書如孔子經文。……第自三十四歲遭先恩祖母大故，一一式遵《文公家禮》，頗覺有違於性情，已而讀周公《禮》，始知其删修失當也。及哀殺，檢《性理》乃知静坐讀講非孔子學宗；氣質之性，非性善本旨也。朱學蓋已參雜於佛氏，不止陸、王也；陸、王亦近支離，不止朱學也。①

初，先生居喪，守朱氏《家禮》惟謹。古《禮》："初喪，朝一溢米，夕一溢米，食之無算。"《家禮》删去"無算"句，先生遵之，過朝夕，不敢食，當朝夕，遇哀至，又不能食，病幾殆。又《喪服傳》曰："既練，舍外寢，始食菜果，飯素食，哭無時。"《家禮》改爲"練後止朝夕哭，惟朔望未除服者會哭，凡哀至皆制不哭"，先生亦遵之。既，覺其過抑情，校以古喪禮，非是，因歎先王制禮，盡人之性，後儒無德無位，不可作也。②

王源云："先生自此毅然以明行周、孔之道爲己任，盡脱宋、明諸儒習襲，而從事于全體大用之學，非二千年學術氣運一大關乎！"③從"聖人之道"在《性理大全》，周敦頤、朱熹爲

① 顔元《王學質疑跋》，見《習齋紀餘》卷六，《顔李叢書》，民國十二年北平四存學會鉛印本。

② 戴望《顔氏學記》卷一《處士顔先生元》，第624頁。

③ 李塨纂，王源訂《顔習齋先生年譜》，第64頁。

真聖人,到理學體系的坍塌,《家禮》“弗戾性情”只是一根重要的導火索。顔元理學體系的坍塌,肯定還有其他原因:

其一,或許由於顔元思想體系本身并不堅固穩定。顔元早年讀書行事,徘徊無定,接觸以《性理大全》爲代表的理學著述時間較遲,所入似未深,整體上有雜亂之態。

其二,早年讀書學習過程中,有重視實踐的傾向,如學醫,又如“二十三歲見兵書,悦之,遂學兵法,究戰守事宜,嘗徹夜不寐,技擊亦學焉”。[①] 相較而言,他對玄虚的理論有一定程度的疏離之感。

其三,對明朝覆滅原因的反思,延伸至學理層面的探求。

其中最後一點當稍加探究,它很有可能就是引發顔元學問思想轉變的深層力量。顔元身歷易代變革,他早年從游的老師多有濃厚的遺民意識。顔元八歲,就外傅吴洞雲學。洞雲“能騎射劍戟,慨明季國事日靡,潛心百戰神機,參以己意,條類攻戰守事宜二帙,時不能用,以醫隱;又長術數,多奇中。蓋先生之學,自蒙養時即不同也”。[②] 上引年譜戊戌年條,顔元因弟子彭好古而結交其父彭通,彭通與孫奇逢、刁包往來,顔元得知孫、刁行蹟;於是有辛丑年拜謁刁包、甲辰年拜謁孫奇逢之舉。又同王法乾從五公山人王餘佑(字介祺)問學。王氏“父行昆弟,皆宦于明。少有才譽,長念明季多故,乃讀孫、吴書,散萬金産結士。甲申,闖賊據京師,遂從父延善及從兄餘厚、兄餘恪、弟餘嚴、雄縣馬于等起兵討賊,下雄縣、新城、容城,誅其僞官。已而賊敗。清師入,衆散,隱居五公山

① 鍾錂《習齋先生叙略》,見《顔習齋先生言行録》卷首,《顔李叢書》,民國十二年北平四存學會鉛印本。

② 李塨纂,王源訂《顔習齋先生年譜》,第 24 頁。

雙峰，每登峰頂，慷慨悲歌，泣數行下”。[①] 年譜中對刁、孫、王在明清易代之際的事情似乎有意不惜筆墨，從而反映顏元景仰之心，以及所汲取的精神資源。

此外，顏元的弟子中，有遺民身份的士人有數位，如张鵬舉，“清苑人，故明殉難進士(張)羅俊從子也，抗節不仕，從學顏先生，長於兵法”。朱敬，湯陰人，明宗室。習禮、樂、書、數，考水火諸學。“嘗言明亡天下，以士不務實事而囿虛習，其禍則自成祖之定《四書》、《五經大全》始”。[②] 這些弟子與顏元的年齡差距似不大，由此可推測顏元的交游圈中，遺民的比例較大，無疑會受到亡國之痛、慷慨之氣與反省之思的浸潤與影響。這種影響可能促成其内心世界的一股伏流，當某一外在偶然事件的觸發，便可顯現其規模與力量。

《四存編》較爲全面系統地反映了顏元的學術思想，各編要旨，可見《四庫全書總目》提要：

(《存性編》)大旨謂孟子言性善，即孔子言性相近習相遠，語異而意同。宋儒誤解相近之義，以善爲天命之性，相近爲氣質之性，遂使爲惡者諉於氣質。不知理即氣質之理，氣即理之氣，清濁厚薄，純駁偏全，萬有不齊，總歸一善，其惡者引蔽習染耳。

(《存學編》)大旨謂聖賢立教所以別於異端者，以異端之學空談心性，而聖賢之學則事事徵諸實用，原無相

---

① 戴望《顏氏學記》卷三，第654頁。
② 戴望《顏氏學記》卷十，第745—746頁。

近之處。自儒者失其本原，亦以心性爲宗，一切視爲末務，其學遂與異端近，而異端亦得而雜之。其説於程、朱、陸、王皆深有不滿。蓋元生於國初，目擊明季諸儒崇尚心學、放誕縱恣之失，故力矯其弊，務以實用爲宗，然中多有激之談。

(《存治編》)大旨欲全復井田、封建、學校、徵辟、肉刑及寓兵於農之法。夫古法之廢久矣，王道必因時勢，時勢既非，雖以神聖之智，藉帝王之權，亦不能強復。強復之，必亂天下。……使行其説，又不止王安石之《周禮》矣。

(《存人編》)前二卷……皆以通俗之詞勸諭僧尼道士歸俗，及戒儒者談禪、愚民尊奉邪教。三卷爲明太祖《釋迦佛贊解》一篇，太祖本禪家機鋒語，元執其字句而解之，非其本旨。且闢佛亦不必借此贊，恐反爲釋子藉口。①

上文已述及《四存編》中以《存性編》與《存學編》最有代表性，是顏元三十五歲時的著作，而其學術思想轉變的時間在三十四歲。如以《四存編》考察顏元的學術思想體系建立的方式，稍早寫成的《存治編》與後面三編明顯不同，後面三編是以批判的方式表達自己的觀點，《存人編》是排斥佛道，《存性編》與《存學編》是與程、朱、陸、王辯駁。《存治編》與其

① 永瑢等撰《四庫全書總目》，第 822—823 頁。

他三編有比較大的區别,主要緣由如李塨在《〈存治編〉書後》中所言:"先生《三存編》,《存性》、《存學》皆悟聖學後著,獨《存治》在前,乃壯歲守宋儒學時所作也。當是時,仁心布濩,身任民物之重已如是,其得聖道也蓋有由矣。"故《存治編》在論説風格上顯得較爲内斂,少有逼人的批判鋒芒。但稍加對照,可知《存治編》提出了一種復古的綱領,而其他三編實爲具體的復古路徑,譬如《存治編》中的"重徵舉"與《存學編》相關,而《存人編》實際就是《存治編》中"靖異端"九法"絶由"、"去依"、"安業"、"清蘖"、"防後"、"杜源"、"化尤"、"易正"、"明法"的通俗表述。

顔元稱與宋儒辯駁,乃不得已之事;檢兩編中批評宋儒的文字,有 136 處,可見顔元真是不遺餘力。再將這些文字分别統計,將某一宋儒(或明儒)所説或與此説密切相關的文字彙集一處,則可見顔元用力的輕重所在。列舉如下:

> 朱熹,91 處;二程,21 處;張載,4 處;吴澄,4 處;楊時,4 處;羅從彦,3 處;陳埴,2 處;陳淳,2 處;黄榦,1 處;張栻,1 處;吕祖謙,1 處;謝良佐,1 處

顔元認爲程、朱之學遮掩周、孔正道,正道不明,則蒼生民物、世道人心、學術人才將遭受毁傷,故必須挺身而出。

> 始覺宋儒之言性,非孟子本旨;宋儒之爲學,非堯、舜、周、孔舊道。……口敝舌罷,去一分程、朱,方見一分孔、孟;不然,則終此乾坤,聖道不明,蒼生無命矣。蓋學術者,人才之本也;人才者,政事之本也;政事者,民命之

本也。(《未墜集序》)①

韓愈闢佛,幾至殺身,況敢議今世之堯、舜、周、孔者乎? 季友著書駁程、朱之説,發州決杖,況敢議及宋儒之學術、品詣者乎? 此言一出,身命之虞所必至也。然懼一身之禍而不言,委氣數于終誤,置民物于終壞,聽天地於終負,恐結舌安坐,不援溝瀆,與強暴、横逆内人於溝瀆者,其忍心害理不甚相遠也。(《上太倉陸桴亭先生書》,見《存學編》卷一,又見《習齋紀餘》卷三)②

顔元對朱子學的批判還集中體現在《朱子語類評》與《四書正誤》中,其中《朱子語類評》共涉及 256 則語録,兩書基本出發點與《存學編》、《存性編》一致。考察顔元早年讀書經歷,他對朱子學有較深入的探究,故轉身批駁,多能切中要害。以下簡要梳理顔元的批評策略及其涉及的相關内容。

(一) 正本清源

顔元批評以程、朱爲代表的宋代理學,采取的論説策略是正本清源,即對核心概念重新解釋,試圖回到孔、孟的原本涵義。

---

① 顔元《習齋紀餘》卷一。
② 此文收録於《存學編》、《習齋紀餘》,然文字略有不同。

1. “性”

夫“性”字從“生心”，正指人生以後而言。若“人生而靜”以上，則天道矣，何以謂之性哉？（《存性編》卷一）

“生之謂性”，若以“天生烝民，有物有則”，“人之生也直”等“生”字解去，亦何害？但告子之心則正如程、張氣質之性，觀杞柳、湍水、無善無不善諸説可見。①

《詩》云：“天生烝民，有物有則；民之秉彝，好是懿德。”孔子曰：“爲此詩者，其知道乎！有物必有則；民之秉彝也，故好是彝德。”詳《詩》與子言，物則非性而何？況朱子解物則，亦云“如有父子則有孝慈，有耳目則有聰明之類”，非謂孝慈即父子之性，聰明即耳目之性乎？（《存性編》卷一）

2. “文”

渠滿眼只看得幾册文字是文，然則虞、夏以前聖賢皆鄙陋無學矣。……夫文，不獨《詩》、《書》、六藝，凡威儀辭説、兵農水火、錢穀工虞，可以藻彩吾身、黼黻乾坤者，皆文也。②

---

① 顏元《顏習齋先生四書正誤》“下孟”，《續修四库全書》本（據嘉慶元年張與齡鈔本影印），第 54 頁。

② 顏元《顏習齋先生四書正誤》“上論”，第 23 頁。

後儒以文墨爲文,以虚理爲禮,將博學改爲博讀、博講、博著。[1]

儒道之亡,亡在誤認“文”字。試觀帝堯“焕乎文章”,固非大家帖括,抑豈四子、五經乎!文王“經天緯地”,周公“監二代”所制之“郁郁”,孔子所謂“在兹”,顔子所謂“博我”者,是何物事?後世全誤。[2]

3. “格物致知”

今之言致知者,不過讀書、講問、思辨已耳,不知致吾知者,皆不在此也。……辟如欲知樂,任讀樂譜幾百遍,講問、思辨幾十層,總不能知。直須搏拊擊吹,口歌身舞,親下手一番,方知樂是如此。……是謂“物格而後知至”。故吾斷以爲“物”即三物之物,“格”即手格猛獸之格,手格殺之之格。[3]

4. “學”

觀之孔門,則以讀書爲致知中之一事。且書亦非徒佔畢讀之也,曰“爲《周南》、《召南》”,曰“學《詩》”、“學《禮》”,曰“學《易》”、“執《禮》”,是讀之而即行之也。曰

---

① 李塨纂,王源訂《顔習齋先生年譜》,第171頁。
② 顔元《顔習齋先生言行録》卷下“學須”,《顔李叢書》,民國十二年北平四存學會鉛印本。
③ 顔元《顔習齋先生四書正誤》“大學”,第2頁。

“博學於文”，蓋《詩》、《書》六藝以及兵農、水火在天地間燦著者，皆文也，皆所當學之也。（《存學編》卷二）

“學之不講”句……不知分曉早在“學之”二字。古人學禮、樂、射、御、兵、農、水、火等事，又從而講之，則所學益明，而致用不誤。全不學一事，而以誦讀爲學，以能講其所讀者爲明道，爲大儒，是吾憂也。①

孔門之“博學”，學禮，學樂，學射，學御，學書、數以至《易》、《書》，莫不曰學也，《周南》、《召南》曰爲也。言學、言爲，既非後世讀講所可混，禮、樂、射、御、書、數，又非後世章句所可托。況於及門之所稱贊，當時之所推服，師弟之所商搉，若“多學而識”、“不試故藝”、“博學而無所成名”、“文武之道未墜於地”、“文不在兹”、“游於藝”、“如或知爾”、“可使從政”諸章，皆可按也，此孔門之文，孔門之學也。（《存學編》卷三）

5. “敬”

敬字字面好看，却是隱壞于禪學處。古人教洒掃即洒掃主敬；教應對進退，即應對進退主敬；教禮、樂、射、御、書、數，即度數、音律、審固、磬控、點畫、乘除，莫不主敬。故曰“執事敬”，故曰“敬其事”，故曰“行篤敬”，皆身心一切加功，無往非敬也。若將古人成法皆

① 顔元《顔習齋先生四書正誤》“上論”，第 24 頁。

舍置,專向靜坐、收攝、徐行、緩語處言主敬,乃是以吾儒虛字面做釋氏實工夫,去道遠矣。或云"敬當不得小學",真朱子益友,惜其未能受善也。(《存學編》卷四)

"窮理居敬"四字,以文觀之甚美,以實考之,則以讀書爲窮理功力,以恍惚道體爲窮理精妙,以講解著述爲窮理事業,儼然靜坐爲居敬容貌,主一無適爲居敬工夫,舒徐安重爲居敬作用。……凡理必求精熟之至,是謂"窮理";凡事必求謹慎之周,是謂"居敬"。上蔡雖賢,恐其未得此綱領也。不然,豈有"居敬窮理"之人而流入於禪者哉!(《存學編》卷二)

(二)推導與批駁

從上引對"性"、"文"、"格物致知"、"學"、"敬"的辨析界定文字中,可見顏元有意將其涵義"實化",使之具有切實之感,避免玄虛,如關於"性"的解釋;又如在《四書正誤》中關於"理"的解釋,"理者,木中紋理也"。① 釋義傾向相同。同時,這些概念彼此關聯,如對"敬"的解説,牽涉對"學"的認識,以及將"主敬"等同於"主靜"的否定,故從這些核心概念入手,必然動摇宋明理學的框架。以此爲基礎,顏元展開了更爲深入的批駁,邊破邊立,最終要恢復"周孔之舊"。

---

① 顏元《顏習齋先生四書正誤》"下孟",第62頁。

1.“性相近，習相遠”

愚謂識得孔、孟言性原不異，方可與言性。孟子明言“爲不善非才之罪”，“非天之降才爾殊”，“乃若其情則可以爲善”，又曰“形色，天性也”，何嘗專言理？況曰性善，謂聖凡之性同是善耳，亦未嘗謂全無差等。觀言“人皆可以爲堯、舜”，將生安、學利、困勉無不在内，非言當前皆與堯、舜同也。宋儒强命之曰“孟子專以理言”，冤矣！孔子曰：“性相近也，習相遠也。”此二語乃自罕言中偶一言之，遂爲千古言性之準。性之相近如真金，輕重多寡雖不同，其爲金俱相若也。惟其有差等，故不曰“同”；惟其同一善，故曰“近”。將天下聖賢、豪傑、常人不一之姿性，皆于“性相近”一言包括，故曰“人皆可以爲堯、舜”；將世人引蔽習染、好色好貨以至弑君弑父無窮之罪惡，皆于“習相遠”一句定案，故曰“非才之罪也”，“非天之降才爾殊也”，孔、孟之旨一也。……大約孔、孟而前，責之習，使人去其所本無；程、朱以後，責之氣，使人憎其所本有，是以人多以氣質自諉，竟有“山河易改，本性難移”之諺矣，其誤世豈淺哉？（《存性編》卷一）

某静中猛思，宋儒發明氣質之性，似不及孟子之言性善最真。變化氣質之惡，三代聖人全未道及。將天生一副作聖全體，參雜以習染，謂之有惡，未免不使人去其本無，而使人憎其本有，蒙晦先聖盡性之旨，而授世間無志人以口柄。（《存學編》卷一《上徵君孫鍾元先生書》）

顏元批駁宋明理學家有“天命之性”與“氣質之性”之説，認爲“若謂氣惡，則理亦惡；若謂理善，則氣亦善。蓋氣即理之氣，理即氣之理，烏得謂理純一善而氣質偏有惡哉？”（《存性編》卷一）所謂性相近，即“聖凡之性，同是善”，“若無程、張氣質之論，當必求‘性情才’及‘引蔽習染’七字之分界；而性情才之皆善，與後日惡之所從來判然矣。惟先儒既開此論，遂以惡歸之氣質而求變化之，豈不思氣質即二氣四德所結聚者，烏得謂之惡！其惡者，引蔽習染也”（《存性編》卷一）。顏元此説，重視人之“本有”，強調人如“盡性”去惡，則“皆可以爲堯、舜”，而不是責之“氣質之惡”，並“以氣質自諉”。將人置於正面地位，並闡發人能有所作爲，爲顏元其他論説奠定了重要的基石。

2. 對紙上功夫的質疑

夫讀書乃學中之一事，何爲全副精神用在簡策乎！（《存學編》卷四）

（“只要熟看、熟讀，别無方法。”）將聖人方法壞盡，卻説看、讀外别無方法。試觀堯、舜至孔子，何嘗有個“熟看”、“熟讀”？①

荆公罷學究科，其識高甚，而朱子猶惜罷此科後人

---

① 顏元《朱子語類評》不分卷，《顏李叢書》，民國十二年北平四存學會鉛印本。

不肯讀書；抑解天下萬事之敗，都起讀書者乎？①

朱子説諢半日，皆謂讀書乎？讀書愈多愈惑，審事機愈無識，辦經濟愈無力。試觀宋、明已事，可爲痛哭。②

但以讀經史、訂群書爲窮理處事，以求道之功，則相隔千里；以讀經史、訂群書爲即窮理處事，曰道在是焉，則相隔萬里矣。（《存學編》卷三）

3. 排斥虚妄

孔子惟與其弟子今日習禮，明日習射。問有可與言性命者，亦因其自悟已深，方與言，蓋性命，非可言傳也。不特不講而已也；雖有問，如子路問鬼神、生死，南宫适問禹、稷、羿、奡者，皆不與答。蓋能理會者渠自理會，不能者雖講亦無益。（《存學編》卷一《總論諸儒講學》）

秦漢以降，則著述講論之功多，而實學實教之力少。（《存學編》卷一《明親》）

夫周、孔以六藝教人，載在經傳，子罕言仁、命，不語神，性道不可得聞，予欲無言，博文約禮等語，出之孔子

①② 顔元《朱子語類評》不分卷，《顔李叢書》，民國十二年北平四存學會鉛印本。

之言及諸賢所記者,昭然可考,而宋儒若未之見也。專肆力於講讀,發明性命,閑心靜敬,著述書史。(《存學編》卷二)

今朱子出,而氣質之性參雜於荀、揚,靜坐之學出入於佛、老,訓詁繁於西漢,標榜溢於東京,禮樂之不明自若也,王道之不舉自若也,人材之不興自若也,佛道之日昌而日熾自若也。實學不明,言雖精,書雖備,於世何功,於道何補?然賴其講解,朝廷猶以四書、五經取士,周、孔之文,不至盡没,有志於學者承襲其迹,以主敬靜坐求道,不至盡奉釋、道名號,與二家鼎峙而已。若問自周以來聖賢相傳之道,則絶傳久矣。(《存學編》卷三)

余英時指出,明代以來朱、陸兩派對經典的態度有較大分歧,有智識主義與反智識主義嚴重對立的趨勢,陸象山"六經注我"已微見反智識主義的端緒,至陳白沙則暢發無遺,王陽明則將此傾向推拓盡致。[①] 據《顏習齋先生年譜》,顏元在二十四至二十五歲時,"深喜"陸、王之學,顏元對讀書、著書的極端質疑,應該有反智識主義的影響。但因顏元後來學問的調整與轉變,他偏離了陸、王的路綫,雖然仍然對紙上功夫質疑,但選擇的是習與行,以實踐與實用作爲學的主臬。

① 余英時《從宋明儒學的發展論清代思想史:宋明儒學中智識主義的傳統》,見《中國思想傳統的現代詮釋》,江蘇人民出版社 1998 年版,第 176—191 頁。

4. 復興"周公、孔子六德、六行、六藝之學"

讀盡天下書而不習行六府、六藝,文人也,非儒也,尚不如行一節、精一藝者之爲儒也。(《存學編》卷一《學辯一》)

周公之法,春秋教以《禮》、《樂》,冬夏教以《詩》、《書》。豈可全不讀書? 但古人是讀之以爲學,如讀琴譜以學琴,讀《禮經》以學禮。博學之,是學六府、六德、六行、六藝之事也。只以多讀書爲博學,是第一義已誤,又何暇計問、思、辯、行也?(《存學編》卷一《學辯二》)

然粤稽孔、孟以前,天地所生以主此氣機者,率皆實文、實行、實體、實用,卒爲天地造實績,而民以安,物以阜。……自漢、晉泛濫於章句,不知章句所以傳聖賢之道,而非聖賢之道也;競尚乎清談,不知清談所以闡聖賢之學,而非聖賢之學也。因之虛浮日盛,而堯、舜三事、六府之道,周公、孔子六德、六行、六藝之學,所以實位天地、實育萬物者,幾不見於乾坤中矣。(《存學編》卷一《上太倉陸桴亭先生書》,又見《習齋紀餘》卷三)

堯舜之世,道不外"六府"、"三事",學不外"和其事"、"修其府"。周、孔之宗,道不外"三物"、"四教",孔之"文"即周之"藝";行即周之"六行";忠、信即總括周之"六德"也。此外無道,學即學此,習即習此,時習即時時習此也。①

① 顏元《朱子語類評》不分卷,《顏李叢書》。

三　顔學的復蘇及其多面特質

清代對顔元其人其學予以全面系統的梳理，當推戴望功勞最大。戴望編撰《顔氏學記》，卷一至卷三内容爲顔元，卷四至卷七爲李塨，卷八爲王源，卷九爲程廷祚，卷十爲"顔李弟子録"，録顔氏弟子一百八人，私淑二人。考察戴望建立的顔學傳承譜系，可知顔學的傳播範圍似主要在直隷及周邊，活躍的時期主要是顔、李在世的時期，[1]"顔李弟子録"的地域與時間分布情況也與此狀況相符合。

戴望的《顔氏學記》與李塨、王源的《顔習齋先生年譜》同爲傳播顔元學説之作，然相較而言，戴望似有意修整、提煉顔元之學。顔元傳播其學説，時能化繁爲簡，提綱挈領，但相關論説散布在其他文字中，戴望則用心選擇，著意揭示，如有"四穢"之説（即"時文、僧、道、娼"）；有"乾坤四蠹"之説（即"詩、文、字、畫"）；有"三減"之説（即"減冗瑣以省精力，減讀作以專習行，減學業以卻雜亂"），有"以七字富天下"之説（即"墾荒，均田，興水利"）；有"以六字強天下"之説（即"人皆兵，官皆將"）；有"以九字安天下"之説（即"舉人材，正大經，興禮樂"）。[2] 以上諸説，似只有"四穢"、"乾坤四蠹"二説見於《年譜》。

梁啓超曾分析顔元學説在清代傳播受局限的重要原因，其一，"元道太刻苦，類墨氏，傳者卒稀，非久遂中絶"。[3] 其二，"習齋之學，雖不爲時流所喜，然而經恕谷極力傳播，崑

---

① 李塨生於順治十六年(1659)，卒於雍正十一年(1733)。
② 戴望《顔氏學記》卷三，第 656 頁。
③ 梁啓超《清代學術概論》，上海古籍出版社 1998 年版，第 23 頁。

繩、皋聞、綿莊相與左右之，當時有志之士聞風興起者也很不少。諸公既没，而考證學大興，掩襲天下，學者差不多不知有習齋、恕谷了”。①

查檢清人著述，關於顔元的學行的評説，主要集中在清代前期與晚期。如毛奇齡《寄閻潛丘古文尚書冤詞書》提及來問學的李塨，曾游顔習齋門。② 全祖望《五岳游人穿中柱文》：“西行訪求李二曲高弟則友王豐川，北行求顔習齋高弟則友李恕谷。”③則居處東南的毛奇齡、全祖望知北方顔、李學問的傳承。方苞的文集中關於顔元的記載較多，在《李母馬孺人八十壽序》一文中，將顔習齋與李塨之父並稱“北方之學者”，④在所撰王源傳記中，述及與李塨游，又共師事顔習齋學《禮》。⑤ 又稱述其行：“當吾之世，志行越衆者三人：睢州湯潛庵之母，爲流賊所膊；關西李中孚之父，糜爛於戰場；博野顔習齋，父流亡，母改適，匍匐萬里，始得父墓，見異母之妹，招魂而歸。”⑥但方苞似乎並不完全認可顔元的學説，在《李剛主墓志銘》中可見二人分歧所在：

> 習齋之學，其本在忍嗜欲，苦筋力，以勤家而養親，而以其餘習六藝，講世務，以備天下國家之用，以是爲孔

---

① 梁啓超《中國近三百年學術史》，東方出版社 1996 年版，第 170 頁。

② 毛奇齡《西河集》卷十八，康熙刻、乾隆補修《西河全集》本。毛奇齡生於天啓三年(1623)，卒於康熙五十五年(1716)。

③ 全祖望《鮚埼亭集》卷二十一，《續修四庫全書》本(據嘉慶九年刻本影印)，第 139 頁。全祖望，生於康熙四十四年(1705)，卒於乾隆二十年(1755)。

④ 方苞著，劉季高校點《方苞集》卷七，上海古籍出版社 2008 年版，第 208 頁。方苞生於康熙七年(1668)，卒於乾隆十四年(1749)。

⑤ 方苞《四君子傳》，見《方苞集》卷八，第 217 頁。

⑥ 方苞《書高密單生追述考妣遺事後》，見《方苞集》卷五，第 131 頁。

子之學，而自别於程、朱，其徒皆篤信之。余嘗謂剛主："程、朱之學，未嘗不有事於此，但凡此乃道之法迹耳；使不由敬静以探其根源，則於性命之理知之不真，而發於身心施於天下國家者，不能曲得其次序。"①

以程、朱之學爲標準，對顔元學説的批評，張伯行也有激烈的表述：

今天下學術裂矣，李中孚以禪學起於西，顔習齋以霸學起於北。嗟乎，正學不復明於斯世乎！……今北地顔習齋出，不程、朱，不陸、王，其學以事功爲首，謂身心性命非所急，雖子思《中庸》，亦詆訾無所顧。嗚呼，如此人者，不用則爲陳同甫，用則必爲王安石，是大亂天下之道也。其言曰：格物，《大學》之始事也。物非他，即大司徒以鄉三物教萬民而賓興之之物也；格物非他，即學習六藝，以成其德與行也。②

清代康熙、雍正兩朝有意強化程朱理學的正統地位，張伯行、方苞對顔學的批評，正在這一時段出現。據筆者對清代科舉考試策問的考察，在乾隆十五年至二十四年間策問出題方向有明顯的調整與轉變，此後題目由先前的社會民生轉

① 《方苞集》卷十，第247頁。
② 張伯行《論學》，見《正誼堂文集》卷九，《四庫全書存目叢書》本（據乾隆間刻本影印），第120頁。張伯行生於順治八年（1651），卒於雍正三年（1725）。

爲學術,由此前的理學變爲漢學。[①] 回顧前文所引梁啓超關於顏學衰落原因的分析,應在其中補充重要的一點,此即理學的擠壓,特别是在清初康雍兩朝;隨後,才面臨梁啓超所説的考據之學的挑戰。

《四庫全書總目》中《四存編》的提要,與張伯行的態度相比,似更爲和緩公允,提要文字多爲述顏學要旨,有批評處,亦有語氣與學理的分寸。如《存學編》提要有語云:"其説於程、朱、陸、王皆深有不滿。蓋元生於國初,目擊明季諸儒崇尚心學、放誕縱恣之失,故力矯其弊,務以實用爲宗,然中多有激之談。"《存治編》提要有語云:"夫古法之廢久矣,王道必因時勢,時勢既非,雖以神聖之智,藉帝王之權,亦不能强復。强復之,必亂天下。……使行其説,又不止王安石之《周禮》矣。"[②]《四庫全書總目》對顏學的中立性評説,與張、方比較,或可略見時代思潮、學術風氣在康、雍、乾三朝的起伏變化。

乾隆、嘉慶兩朝,顏學似乎不入主流,聲光黯淡,其中真能識顏學價值者,似乎只有姚鼐的弟子劉開。他列舉經、史、天學、地學、考明典章、篤行學道各領域代表人物,在篤行學道方面標舉顏元;此外,對其學"有裨實用"亦著意强調。"李塨學於顏習齋,習齋之説,先以躬耕養親爲本,次習道藝,以備天下之用。自以爲孔子之學,而詆程、朱爲非,於是李塨尊之,王崑繩悦之;然習齋之行,不愧古人,習齋之道,有裨實

① 徐雁平《清代科舉中的策問與乾嘉學術的展開》,見北京大學《國學研究》第 27 卷(2011 年),第 305—348 頁。

②《四庫全書總目》,第 823 頁。

用,其功太刻苦而不堪也,其言雖異致,而實與程、朱無二也。"[①]此後,要到同治十年戴望撰《顔氏學記》十卷的刊刻,顔學才開始復蘇,議論漸多。這一境況的出現,應該以清代學術思想的變遷作爲大背景來理解。王國維《沈乙庵先生七十壽序》云:

> 我朝三百年間,學術三變。國初一變也,乾嘉一變也,道咸以降一變也。順康之世,天造草昧,學者多勝國遺老,離喪亂之後,志在經世,故多爲致用之學……而實學以興。……雍乾以後,紀綱既張,天下大定,士大夫得肆意稽古,不復視爲經世之具,而經史小學專門之業興焉。道咸以降,涂轍稍變,言經者及今文,考史者兼遼金元,治地理者逮四裔,務爲前人所不爲,雖承乾嘉專門之學,然亦逆睹世變,有國初諸老經世之志。[②]

顔學在晚清的復蘇,進入士人的視野,正是在於"經世致用"思潮内在的推動。過往的精神資源總在適當的時機被激活并被轉化,成爲當下的思想文化建設的重要礎石。在道咸學術的新變過程中,與顔學復蘇相關聯的是,顧祠祭的成立與顧炎武成爲清代第一儒者的討論的展開。顧祠祭始於道光二十三年(1843),祭祀顧炎武活動延續七十餘年,形成一

---

① 劉開《上汪瑟庵大宗伯書》,見《劉孟塗集》文集卷四,《續修四庫全書》本(據道光六年姚氏檗山草堂刻本影印),第354頁;《與朱魯岑書》,見《劉孟塗集》文集卷五,第359頁。劉開,生於乾隆四十九年(1784)年,卒於道光四年(1824)。

② 王國維《觀堂集林》卷二十三,見《王國維遺書》第4册,上海古籍書店1983年版,第26頁。

股聲勢浩大的顧炎武崇拜。[1] 顔元與顧炎武學問中的經世致用部分契合了當下的需要，他們也成爲儀型式人物。在這種境況中，也確實有人將兩人並置論説，如朱一新云："顔習齋之學大旨與亭林略同，皆矯枉過正者。"[2]所謂矯枉過正，大約是指兩人的復古思想。文廷式云："（顔習齋）深見明末國亂民窮，而士大夫高談性命，無補世變，循至滅亡，深推其弊，歸咎宋儒，與王船山、顧亭林大概有相合處。"[3]

世變與社會思潮的衍化，不斷使顔學的特質得以顯現，自晚清到民國，這一脈絡最爲清晰。

孫寶瑄對顔李之學的關注，在其《忘山廬日記》中有幾次具體的閲讀記録，時間在光緒二十三年（1897）至三十三年（1907）之間。孫寶瑄接觸顔學，應是宋恕（1862—1910）的推介。光緒二十三年，是中國學術思想有明顯變化的年代，幾乎可成爲學術思想史層面上的近代時期的起始年代。此年正月二十日，孫氏因宋恕"累稱顔習齋爲國初通儒"，借《顔氏學記》讀，至二月初四讀畢。正月二十一日日記云：

> 早晴。録西史，覽《顔氏學記》。……習齋之意與余正合。習齋以爲世間真學問不外天文、律曆、兵農、水火、禮樂諸有實用濟民事，蓋已窺見今日泰西學校之本。

---

① 王汎森《清代儒者的全神堂：〈國史儒林傳〉與道光年間顧祠祭的成立》，見《"中央研究院"歷史語言研究所集刊》第 79 本第 1 分（2008 年 3 月），第64 頁。

② 朱一新《無邪堂答問》卷三，《續修四庫全書》本（據光緒二十一年廣雅書局刻本影印），第 534 頁。

③ 文廷式《純常子枝語》卷十四，《續修四庫全書》本（據民國三十二年刻本影印），第 191 頁。

吾不意國初竟有此種人物。①

孫寶瑄讀顏李之學書籍,《顏氏學記》外,還有李塨的《閱史郤視》、王源的《居業堂文集》,至光緒三十三年九月讀《四存編》。他對顏學價值的衡量,在"實用濟民"外,更有泰西之學作爲重要的參考標準。在新的視野中,顏元學問思想被賦予新的氣象,已非此前言論框架所能涵括。似乎時間愈晚近,孫寶瑄對顏學的理解愈深透。光緒三十三年九月二十二日,孫寶瑄日記有《四存編》的長篇讀感,除批評顏氏詆朱子"間有偏執"外,皆爲正面的推揚:

> 洎明末國初,亭林、百詩諸先生出,力矯其非,變宋爲漢,而訓詁考訂之風開本朝一大蹊徑,然其流弊所及,又不免專事讀書,明古而昧今,求其實效于國家,則又蔑如也。獨顏先生所發明之宗旨學派,雖在當時界域尚狹,然推而廣之,正與處今日時勢謀社會之進化者,有不侔而合者焉。蓋先生當日所知之實學,不過禮、樂、射、御、書、數,以及兵農、水火、六府三事而已,使生今日,則又將知宇宙間更增無窮之科學,豈不大快乎哉?然而各專一門,精益求精,期獲實功,有益家國,先生固已先言之矣。起歐美鉅儒而問之,彼能易先生之言乎?……
>
> 吾於國初最心折者兩先生,一黄梨洲,一顏習齋。二公皆能破舊時障礙而創新知,以先覺覺斯民者也。蓋

① 孫寶瑄《忘山廬日記》丁酉卷,《續修四庫全書》本(據上海圖書館藏鈔本影印),第417—418頁。

> 梨洲能揭數千年專制之毒,於政界中放一曙光;習齋則悟孔孟真諦,爲三代下儒生所蔽專研求空虚無用之學,今欲一一返求諸實,以期有用,又于學界中放一曙光。至今日,二先生之言皆驗矣。①

章太炎對顏元的評價,前後變化較大。他在《訄書》中專列“顏學”,其中有語云:“顏氏徒見中國久淹於文敝,故一切以《地官》爲事守,而使人無窈窕曠間之地。非有他也,亦不知概念抽象則然也。雖然,自荀卿而後,顏氏則可謂大儒矣。”②依然是以西方學術概念作爲標準,但批評之餘,終爲肯定。《訄書》1900 年於蘇州刊印,1904 年於東京鉛印發行重訂本,1914 年章炳麟囚居北京,感事既多,增删《訄書》,更名爲《檢論》。關於《訄書》與《檢論》的比較研究,姜義華《章炳麟評傳》有全面揭示。③《檢論》中標目爲“正顏”,已有貶抑之語:“夫其所學務得皮膚,而總攬之用微。”小字注云:“顏元長于射、御、禮,本粗疏;樂、書、數,非其所知也。其徒李塨言數,則衹記珠算之乘除;言書,則粗陳今隸之正俗。市儈之數,學究之書,而自謂明六藝,可鄙孰甚?至所謂兵農、水火、錢穀、工虞無不嫻習者,則矜夸之辭耳。”④而在此後的《諸子略説》中,章太炎的態度有較大改變,但不是回到《訄書》所立之論,其中表彰,重點在“個人體育”與“反抗清室”:

---

① 孫寶瑄《忘山廬日記》丁未卷下,《續修四庫全書》本,第 664—665 頁。
② 章炳麟著,徐復注《訄書詳注》,上海古籍出版社 2000 年版,第 130 頁。
③ 姜義華《章炳麟評傳》,南京大學出版社 2002 年版,第 510—547 頁。
④《章太炎全集》第 3 集,上海人民出版社 2014 年版,第 478 頁。

> 習齋之意,以爲程、朱、陸、王都無甚用處,於是首舉《周禮》鄉三物以爲教,謂《大學》格物之物,即鄉三物之物,其學頗見切實。蓋亭林、船山但論社會政治,卻未及個人體育。不講體育,不能自理其身,雖有經世之學,亦無可施。習齋有見於此,於禮、樂、射、御、書、數中,特重射、御,身能盤馬彎弓,抽矢命中,雖無反抗清室之語,而微意則可見也。①

或許是一時學術風氣所致,或許是師徒之間的授受傳承,章太炎弟子錢玄同 1909 年 11 月至 12 月的日記中有關於顏李學派的閱讀記録,其中十一月初四(12 月 16 日)的日記記載相關内容較多,其中有:

> 夏(錢玄同)思明季諸儒,最可師法者,惟顧寧人、顏易直兩先生耳。顧氏之書今已行世;惟夫顏先生躬習正學,以身率教,堯、舜、周、孔三事、六府、六德、六行、六藝之道,炳然大明,剛主、崑繩承之,聖道益著。誠使當日及門者衆,其學由此而南,漸乃普遍全國,凡禮、樂、兵、農、水、火、工、賈諸科,一一見諸實行,則唐虞、三代之隆,不難得睹於今日。②

錢玄同此時對顏元的理解,與其師或稍後的胡適相比,

① 章太炎著,傅傑編校《國學講演録》,華東師範大學出版社 1995 年版,第 192—193 頁。據姚奠中、董國炎著《章太炎學術年譜》(山西古籍出版社 1996 年版),《諸子略説》成稿於 1935 年,見該書第 475 頁。

② 楊天石主編《錢玄同日記》第 1 册,北京大學出版社 2014 年版,第 199 頁。

并無新奇的論述，他將顔元與顧炎武并舉，又對顔學的傳播全國作推想，似不難看出其中的復明、復古思想傾向。

劉師培1904年撰《近儒學案序》，於"習齋學案"下列顔元、李塨、王源、程廷祚、戴望，他追溯西漢以來政與學、體與用分合的歷史，序中指出："先生以用爲體，即以用爲學，身體力行，一矯講學空虚之習。至先生論學惟《存性》一編，闢宋儒氣質之説，實開東原學派之先；若解釋格物，援據《周官》，又以三物教民，推崇六藝，則立説未免稍偏。"①劉師培又撰《顔李二先生傳》："雖其依經立説，間失經義之真，然道藝并崇，則固岐周之典則也。"②

梁啓超、胡適對顔學的衡量，是從實踐與實用方面立論，强調的是科學主義。他們或當時學人有一種清代學術研究模式，此即對理學或王學的否定，對考證、實踐之學的推挹。梁啓超以爲顔學是對王學的"反動"，顔元"生於窮鄉，育於異姓，飽更憂患，艱苦卓絶"。"對於舊思想之解放，最爲徹底。""以實學代虚學，以動學代静學，以活學代死學，與最近教育新思潮最相合。"③在《中國近三百年學術史》中，梁啓超利用戴望在《顔氏學記》中建立的學術傳承譜系，將顔元至戴望諸人專列一章，并貼上具有時代精神的標籤"實踐實用主義"。

胡適撰寫《記費密的學説》時，可能没有意識到費密與顔學的聯繫，文中指出費密師事孫奇逢，是王學後人，"卻能根

---

① 劉師培《左盦外集》卷十七，見《劉申叔遺書》，江蘇古籍出版社1997年版，第1754—1756頁。

② 劉師培《左盦外集》卷十八，見《劉申叔遺書》，第1813頁。

③ 梁啓超《清代學術概論》，第21—22頁。

本推翻王學”，稱其學説爲“實際主義”。[1] 兩年後再探究此問題，便注意費氏之學與顔李之學的關係，在《費經虞與費密：清學的兩個先驅》一文中，胡適録費密答李塨書，試圖將兩者之間的關係落實。“費氏父子一面提倡實事實功，開顔李學派的先聲；一面尊崇漢儒，提倡古注疏的研究，開清朝二百餘年‘漢學’的風氣。”[2]1923 年至 1925 年胡適完成長文《戴東原的哲學》，稱顔李之學“其實只是一種強有力的‘反玄學’革命”，“顔元主張一種很徹底的實用主義”；胡適在此文中推測戴氏的兩部書《孟子字義疏證》和《原學》受顔李學派的影響。戴望在《顔氏學記》中已經提及戴震學説根據顔元而暢發其旨，後來劉師培重述此説。胡適推斷戴學與顔學的媒介似乎是程廷祚。[3]

在現代學者當中，對顔元學術思想闡發用力最多的莫過於胡適，因其手稿的保存，故可見其顔學研究的展開過程。如在《胡適遺稿及秘藏書信》第 7 册中有一種近似“清代思想史”的資料長編，此手稿對有關顔元的文獻予以充分的梳理，在“費密與顔李”標目下，記録胡適重讀《李恕谷年譜》得三條資料的内容。[4] 在《胡適遺稿及秘藏書信》第 13 册中録程廷祚《青溪文集》十二卷《續編》八卷中的材料，列出“程廷祚與顔李的關係”，此文實際是《顔李學派的程廷祚》的初稿。[5]

---

① 胡適《記費密的學説》，原刊 1921 年 10 月 12—17 日《晨報副鐫》，現收入《胡適文集》第 10 卷，北京大學出版社 1998 年版，第 341—346 頁。

② 胡適《費經虞與費密：清學的兩個先驅》，此文脱稿日期是 1923 年 9 月 17 日，見《胡適文存二集》卷一，黄山書社 1996 年版，第 64 頁。

③ 胡適《戴東原的哲學》，見《胡適文集》第 7 卷，第 239—251 頁。

④ 胡適《胡適遺稿及秘藏書信》第 7 册，黄山書社 1994 年版，第 65 頁。

⑤ 胡適《胡適遺稿及秘藏書信》第 13 册，第 137—160 頁。

胡適試圖以他擅長的考據方法，將顔李之學與費氏父子之學、戴震之學建立起聯繫，其中的關節點在於李塨與費密、程廷祚與戴震。前者的考證較爲可靠，後者的考證則略顯勉强。

在《顔李學派的程廷祚》一文中，胡適考證程廷祚如何經由岳父陶窳而接受顔李之學的影響，又因何種原因重新建立顔李學派。"他是顔李的繼承人；他是戴震的先導者。"戴震接受并拓展了程廷祚的性論與人生論。"戴震不曾提及顔李，但他對於顔李如果有不滿意的地方，那必定也是嫌他們跳不出程朱主敬的圈子……而忽略了學問上的努力。""顔李之學，到程廷祚而經過一度解放，到戴震而得着第二度更徹底的解放。"①

胡適的考證，表面上是在建立以及拓展顔李之學的譜系，實際上是將費氏父子、戴震納入，使得清代多元的學術思想具有同質性，似乎有一種百川歸海式的單一目標，這種同質性與單一目標有利於塑造胡適所期待的主流學術思潮，而四川、北方、東南都在這種學術思潮的影響之中，正可見它是一種覆蓋面廣的全國性思潮。這一思潮也是現代社會所需要的精神資源：

> 我們關心中國思想的前途的人，今日已到了歧路之上，不能不有一個抉擇了。我們走那條路呢？我們還是"好高而就易"，甘心用"内心生活""精神文明"一類的揣

① 胡適《顔李學派的程廷祚》，見《胡適文集》第10卷，北京大學出版社1998年版，第391—412頁。

> 度影響之談來自欺欺人呢？還是決心不怕艱難，選擇那純粹理智態度的崎嶇山路，繼續九百年來致知窮理的遺風，用科學的方法來修正考證學派的方法，用科學的知識來修正顏元、戴震的結論，而努力改造一種科學的致知窮理的中國哲學呢？①

與梁啓超、胡適等相比，錢穆對顏學的評價主要是從學理出發，故能考察出顏學的缺失與局限，這也爲全面評判顏學提供重要參考。

> 然習齋所謂經濟，意在隆古乎？抑在當時乎？若在當時，則習行路徑，當求之實事實物，不必求之古《詩》、《書》也。若意在隆古，古書真僞未辨，當否未判，奈何遽奉以爲習行之譜？今習齋言經濟，多混之於禮樂；言禮樂，多本之於古昔；言事物，亦以揖讓升降、弦歌舞佾、衣冠金石爲主，並未深發當時切用之意，則烏從閉學者誦讀考究之功？②

> 習齋論學，事物經濟與心性存養並重兼顧，又爲其學術自身之歧點者。……今考顏學體系，以習行代訓詁誦説、著述紙墨之功，以事物代心性義理、靜敬玄虛之談，其議論本甚粗猛，甚痛快，帶有革命之氣度，而終歸於與舊傳統相妥協、相消融者，則厥在其講禮樂之一端。

---

① 胡適《戴東原的哲學》，見《胡適文集》第 7 卷，第 342 頁。
② 錢穆《中國近三百年學術史》，商務印書館 1997 年版，第 214 頁。

習齋講學，以禮樂與習行、事物爲鼎峙之三足，而尤以禮樂爲大廈之獨柱，以禮樂打併内外，貫通古今，功利與性天，亦於此交融，最爲習齋制行講學精神所寄，而實亦顔學未能超出舊傳統卓然自拔之所由也。夫禮樂貴乎當時，而習齋泥於隆古；禮樂本古代政治上一種已陳之芻狗，而習齋以之爲個人性命惟一之寄托。①

故習齋習行之教，不能以當身爲務，而以復古爲説，宜其一傳而變爲恕谷之考古；而恕谷復拘牽於習齋"六府、三事、三物"之教，遂以《周官》、《古文尚書》爲真古，而考古之業亦入於斷港絶潢而不可通。顔、李之學，終於湮沉，不能大其傳，而自此二百年學術，遂完全走入書生紙墨一路。②

餘論

顔學或顔李之學的崛起、展開與衰退，當回到其所處的歷史語境中來理解，所謂歷史語境，應該是錯綜複雜的人文關係在特定的時間、空間中的交織，在這種境況中，對包括《四存編》在内的顔李之學的價值重估，便能具備"瞭解之同情"，對一種學説的長短便有一種較爲公允的判斷。同樣，顔學在復蘇中的種種波瀾，如：顔元似墨子？與顧炎武並列？是荀子後的大儒？反抗清室？王學的反動？能破舊時障礙

① 錢穆《中國近三百年學術史》，第218—220頁。
② 錢穆《中國近三百年學術史》，第241—242頁。

而創新知？與最近教育思潮相合？是一種很徹底的實用主義？諸如此類，顏學呈現出多種特質，考察顏學的複雜面相，也應回到波瀾湧起的時刻。顏學的不同特質的顯現，正是它在特定的歷史時刻被激活，成爲當下文化與思想建設中可供參考或轉化的精神資源。一種有價值的學説，不是簡單地對所處時代文化與思想的反映，而是以特定方式觸及到某些超越所處時代的重要問題，即使這種學説有或此或彼的偏失，但這並不妨礙它在日後的熠熠閃耀。顏學在晚清到民國的文化與思想中的建構作用，也證示了它的多重價值。

存性編

序

三代以上不言性而性存，宋明以後日言性而性亡。世之學者疇則知其然歟？《書》言民性，誥后之綏猷也，《詩》咏秉彝，美山甫也，皆偶舉之，不以立教。孔子承唐虞三代道統，性天不可得聞。孟子時，言者棼如，不得已直指性善，群議始一。荀楊韓李而下，言性之家復紛，而最衆於宋世。教人以性爲先，而分義理之性、氣質之性爲二。其意以爲推明道原而後道可正也，而不知帝王孔孟之教法，至是而變矣。返觀静坐，使佛氏心性幻談得與吾儒浸亂，且以氣質爲有惡，使庸人得以自諉，而牟利漁色弑奪之極禍，皆將謂由性而發。自宋末以迄今日，儒者承之，議論紛出，半信半疑于其際。然則聖人之教法，豈可以輕變歟？今去孔孟二千年，而習齋顔先生出，才甚大，思甚睿，志卓而守嚴，遠于程朱陸王，近于江村、夏峰，無不究極其學，乃豁然獨見孔孟遺緒，作《三存編》。首以"存性"，謂理即氣之理，氣即理之氣，清濁厚薄，純駁偏全，萬有不齊，總歸一善；其惡者引弊習染耳。因列七圖以明之，于是孟子言性善之旨始著。教人踐形，以爲存養，勿躐言性天。于是佛氏寂守心性，以形氣爲六賊之異言，始無所亂。嗟乎，性之不明久矣！得先生辭而辯之，而孟子之言性存，而唐虞三代，孔門寓心性于政教，而不輕語人以性者，亦存而究之。性之體用，本自如是，必如是爲言，即如是爲功，而並不事夫言而後吾之性存，天下之性俱存，謂非二千年後卓然特起，以明聖道者歟？塨從游久，頗于提命餘，窺其領要。一日命塨作序，曰："子知吾言性之意，可以序矣；子知吾不欲言性之意，可以序矣。"是編也，本之天地，衷之聖賢，爲天下萬世慮，先生不得已之苦心，蓋三致意焉。若天下萬世之人得已而不已，是將以性與天道爲游談之藪，聚訟之具也；而豈聖教之所許也哉。

康熙戊辰冬月，蠡吾門人李塨書於陑陽館舍。①

① 李塨此序，《恕谷後集》十三卷（雍正間刻本）未收録。

校訂同人姓氏

許三禮西山安陽　　李因篤天生富平
梁廷援以道鄢陵　　朱□□寧居湯陰
齊□□泰階荆州　　羅□□毅亭廣東
温德裕益脩三原　　朱　敬主一湯陰
郭金城子固遼左　　曹□□乾齋遼左
刁　包非有祁州　　張來鳳公儀寧晋
王餘佑介祺新城　　孫望雅君孚容城
劉崇文肇南蠡縣　　王　鼂契九清苑
陳　鋐國鎮涿州　　吕　申文甫清苑
李明性洞初蠡縣　　王之徵五修新安
楊爾淑湛子新安　　張鼎彝東巖束鹿
魏弼直帝臣博野　　李□□木天商水
陳□□見夷清苑　　王經邦咸休祁州
馮夢徵繪升安州　　王養粹法乾蠡縣
閻中寬公度蠡縣　　郝文燦公函肥鄉
張鵬舉文升蠡縣　　李□□篤生河間
王復禮草堂錢塘　　黄曰瑚宗夏歙縣
尚　重威如新鄉

受業門人姓氏

王　源崑繩大興	國之元公玉深州
石□□子雲蠡縣	王學詩全四完縣
王　堂思白蠡縣	彭好古敏求蠡縣
張　澍霖生蠡縣	拉　江□□滿洲
宋希濂方舟蠡縣	曹敦化萬初淶水
邊之藩海若博野	顔士倧宗人博野
李　塨剛主蠡縣	周　璕崑來江寧
顔士鎮□□博野	顔士佶□□博野
徐　适仲容彰德	夏希舜□□博野
苗尚信□□肥鄉	顔修己敬甫博野
李植秀果齋祁州	李　培益溪蠡縣
顔爾儼畏甫博野	鍾　錂金若博野
郝□□□□肥鄉	朱本良□□湯陰

賈　易生生蠡縣　　曹可成□□□□
李□□□□商水　　顔保邦□□博野
白宗伊□□肥鄉①

---

① “校訂同人”、“受業門人”之名、字、籍貫，凡用“□”處，底本皆爲墨釘。爲求版式整齊，暫皆用兩個“□”表示，然不確定各處是否均缺二字。康熙刻本《存性編》原有以上所録李塨“序”、“校訂同人姓氏”、“受業門人姓氏”，還有“存性編目”；而《畿輔叢書》、《顔李叢書》本則無。爲避免重複，現將“存性編目”移入脚注：

存性編目

卷一　駁氣質性惡　明明德　棉桃喻性　借水喻性　性理評三十九條

卷二　朱子性圖　妄見七圖　圖跋　附録同人語五條

卷一

博陵　顔元　著

駁氣質性惡

程子云："論性論氣，二之則不是。"①又曰："有自幼而善，有自幼而惡，是氣禀有然也。"朱子曰："纔有天命，便有氣質，不能相離。"而又曰："既是此理，如何惡？所謂惡者，氣也。"②可惜二先生之高明，隱爲佛氏六賊之説浸亂，一口兩舌而不自覺！若謂氣惡，則理亦惡；若謂理善，則氣亦善。蓋氣即理之氣，理即氣之理，烏得謂理純一善而氣質偏有惡哉？

譬之目矣，眶、皰、睛，氣質也；其中光明能見物者，性也。將謂光明之理專視正色，眶、皰、睛乃視邪色乎？余謂光明之理固是天命，眶、皰、睛皆是天命，更不必分何者是天命之性，何者是氣質之性。只宜言天命人以目之性，光明能視，即目

---

① 此語原作："程子云：'論性不論氣，不備；論氣不論性，不明，二之則不是。'"見黎靖德編《朱子語類》卷四，《四庫提要著録叢書》子部第11册（據明成化九年陳煒刻本影印）第112頁。《四庫提要著録叢書》所收《朱子語類》自卷一至卷六四在子部第11册，自卷六五起收入子部第12册。兩册頁碼未連排。

② "如何惡"，原作"如何得惡"；"氣也"，原作"卻是氣也"。見《朱子語類》卷四，第111頁。

之性善；其視之也，則情之善；其視之詳略遠近，則才之強弱，皆不可以惡言。蓋詳且遠者固善，即略且近，亦第善不精耳，惡于何加？惟因有邪色引動，障蔽其明，然后有淫視，而惡始名焉。然其爲之引動者，性之咎乎，氣質之咎乎？若歸咎于氣質，是必無此目而後可全目之性矣，非釋氏六賊之説而何？

孔、孟性旨湮没至此，是以妄爲七圖以明之。非好辯也，不得已也。

明明德

朱子原亦識性，但爲佛氏所染，爲世人惡習所混。若無程、張氣質之論，當必求“性情才”及“引蔽習染”七字之分界；而性情才之皆善，與後日惡之所從來判然矣。惟先儒既開此論，遂以惡歸之氣質而求變化之，豈不思氣質即二氣四德所結聚者，烏得謂之惡！其惡者，引蔽習染也。惟如孔門求仁，孟子存心養性，則明吾性之善，而耳目口鼻皆奉令而盡職。

故《大學》之道曰“明明德”，《尚書》贊堯，首曰“欽明”，舜曰“濬哲”，文曰“克明”，《中庸》曰“尊德性”，既尊且明，則無所不照。譬之居高肆望，指揮大衆，當惻隱者即惻隱，當羞惡者即羞惡；仁不足以恃者，即以義濟之，義不足以恃者，即以仁濟之。或用三德并濟一德，或行一德兼成四德，當視即視，當聽即聽，不當即否。使氣質皆如其天則之正，一切邪色淫聲自不得引蔽，又何習于惡、染于惡之足患乎？是吾性以尊明而得其中正也。

六行乃吾性設施，六藝乃吾性材具，九容乃吾性發現，九德乃吾性成就；制禮作樂，燮理陰陽，裁成天地，乃吾性舒張；萬物咸若，地平天成，太和宇宙，乃吾性結果。故謂變化氣質爲養性之效則可,如德潤身,睟面盎背,施于四體之類是也;謂變化氣質之惡以復性則不可,以其問罪於兵而責染於絲也。知此,則宋儒之言性氣皆不親切。

惟吾友張石卿曰:"性即是氣質之性,堯、舜氣質即有堯、舜之性,呆獃氣質即有呆獃之性,而究不可謂性有惡。"其言甚是。但又云"傻人決不能爲堯、舜",則誣矣。吾未得與之辨明,而石卿物故,深可惜也!

棉桃喻性

諸儒多以水喻性,以土喻氣,以濁喻惡,將天地予人至尊至貴至有用之氣質,反似爲性之累者然。不知若無氣質,理將安附?且去此氣質,則性反爲兩間無作用之虛理矣。

孟子一生苦心,見人即言性善,言性善必取才情故迹一一指示,而直指曰"形色,天性也,惟聖人然後可以踐形"。明乎人不能作聖,皆負此形也,人至聖人乃充滿此形也。此形非他,氣質之謂也。以作聖之具而謂其有惡,人必將賤惡吾氣質,程、朱敬身之訓,又誰肯信而行之乎?

因思一喻,曰天道渾淪,譬之棉桃:殼包棉,陰陽也;四瓣,元、亨、利、貞也;軋、彈、紡、織,二氣四德流行,以化生萬物也;成布而裁之爲衣,生人也;領、袖、襟裾,四肢、五官、百骸也,性之氣質也。領可護項,袖可藏手,襟裾可蔽前後,即目能視、耳能聽、子能孝、臣能忠之屬也,其情其才,皆此物此事,豈有他哉?不得謂棉桃中四瓣是棉,軋、彈、紡、織是棉,而至製成衣衫即非棉也,又不得謂正幅、直縫是棉,斜幅、旁殺即非棉也。如是,則氣質與性,是一是二?而可謂性本善,氣質偏有惡乎?

然則惡何以生也?則如衣之著塵觸污,人見其失本色而厭觀也,命之曰污衣,其實乃外染所成。有成衣即被污者,有久而後污者,有染一二分污者,有三四分以至什百全污,不可知其本色者;然只須煩撋澣滌,以去其染著之塵污已耳,而乃謂洗去其襟裾也,豈理也哉?是則不特成衣不可謂之污,雖極垢敝,亦不可謂衣本有污。但外染有淺深,則撋澣有難易,若百倍其功,從積穢可以復潔;如莫爲之力,即蠅點不能復素。則《大學》明德之道,日新之功,可不急講歟!

借水喻性

程、朱因孟子嘗借水喻性,故亦借水喻者甚多;但主意不同,所以將孟子語皆費牽合來就己説。今即就水明之,則有目者可共見,有心者可共解矣。

程子云:"清濁雖不同,然不可以濁者不爲水。"此非正以善惡雖不同,不可以惡者不爲性乎?非正以惡爲氣質之性乎?請問,濁是水之氣質否?吾恐澄澈淵湛者,水之氣質,其濁之者,乃雜入水性本無之土,正猶吾言性之有引蔽習染也。其濁之有遠近多少,正猶引蔽習染之有輕重淺深也。若謂濁是水之氣質,則濁水有氣質,清水無氣質矣,如之何其可也!

性理評

朱子曰:"孟子道性善,'性'字重,'善'字輕,非對言也。"①

此語可詫!"性"、"善"二字如何分輕重?誰説是對言?

① 此語原作:"或舉'孟子道性善'。曰:'此則"性"字重,"善"字輕,非對言也。'"見《朱子語類》卷五,第119頁。

若必分輕重，則孟子時人競言性，但不知性善耳。孟子道之之意，似更重"善"字。

> 朱子述伊川曰："形既生矣，外物觸其形而動于中矣。其中動而七情出，曰喜、怒、哀、懼、愛、惡、欲，情既熾而益蕩，其性鑿矣。"①

"情既熾"句，是歸罪于情矣。非。王子曰：程子之言似不非。熾便是惡。予曰：孝子之情濃，忠臣之情盛，熾亦何惡？賢者又惑于莊周矣。

> 又曰："'動'字與《中庸》'發'字無異，而其是非真妄，特決于有節與無節、中節與無中節之間耳。"

以不中節爲非亦可，但以爲惡妄則不可。彼忠臣義士，不中節者豈少哉！

> 朱子曰："'人生而靜，天之性'，未嘗不善；'感物而動，性之欲'，此亦未嘗不善。至于'物至知誘，然後好惡形焉。好惡無節于内，知誘于外，不能反躬，天理滅矣'，方是惡。故聖賢説得'惡'字煞遲。"②

此段精確，句句不紊層次。吾之七圖，亦適以發明朱子之意云爾。而乃他處多亂，何也？以此知朱子識詣之高，而未免惑于他人之見耳。按朱子此段，是因《樂記》語而釋之。

---

① "出"後脱"焉"；"懼"，原作"樂"。《四庫提要著録叢書》集部第 244 册（據宋咸淳元年建安書院刻宋元明遞修本），第 404 頁。

② "嘗"，原作"是"；"知誘"，原作"知知"。見《朱子語類》卷八十七，第 259 頁。

可見漢儒見道,猶勝宋儒。

又述韓子所以爲性者五,而今之言性者皆雜佛、老而言之。①

先生輩亦雜佛、老矣!

張南軒答人曰:"程子之言,謂:'人生而靜以上更不容説,才説性時便已不是性。'繼之曰:'凡人説性,只是説繼之者善也。'"

玩程子云"凡人説性,只是説繼之者善也",蓋以《易》"繼善"句作已落人身言,謂落人身便不是性耳。夫"性"字從"生心",正指人生以後而言。若"人生而靜"以上,則天道矣,何以謂之性哉?

朱子曰:"人之性論明暗,物之性只是偏塞。"

人亦有偏塞,如天啞、天閹是也;物亦有明暗,如沐猴可教之戲、鸚鵡可教之言是也。

程子曰:"韓退之説:叔向之母聞楊食我之生,知其必滅宗。此無足怪,其始便稟得惡氣,便有滅宗之理,所以聞其聲而知之也。使其能學,以勝其氣,復其性,可無此患。"

① 此語原作:"熹嘗愛韓子説所以爲性者五,而今之言性者,皆雜佛、老而言之。"見《晦庵先生朱文公集》卷六十一《答林德久》,《四庫提要著録叢書》集部第245册,第428頁。

噫！楚越椒始生，而知其必滅若敖；晉揚食我始生，而知其必滅羊舌，是後世言性惡者以爲明證者也，亦言氣質之惡者以爲定案者也。試問二子方生，其心欲弑父與君乎？欲亂倫敗類乎？吾知其不然也。子文、向母不過察聲容之不平，而知其氣稟之甚偏，他日易于爲惡耳。今即氣稟偏，而即命之曰"惡"，是指刀而坐以殺人也，庸知刀之能利用殺賊乎？程子云："使其能學以勝其氣，復其性，可無此患。"可爲善論，而惜乎不知氣無惡也。

朱子曰："氣有不存，而理卻常在。"①又曰："有是氣則有是理，無是氣則無此理。"

後言不且以己矛刺己盾乎？

孔、孟言性之異，略而論之，則夫子雜乎氣質而言之，孟子乃專言其性之理。雜乎氣質而言之，故不曰"同"而曰"近"。蓋以爲不能無善惡之殊，但未至如所習之遠耳。②

愚謂識得孔孟言性原不異，方可與言性。孟子明言"爲不善非才之罪"，"非天之降才爾殊"，"乃若其情則可以爲善"，又曰"形色，天性也"，何嘗專言理？況曰性善，謂聖凡之性同是善耳，亦未嘗謂全無差等。觀言"人皆可以爲堯、舜"，將生安、學利、困勉無不在内，非言當前皆與堯、舜同也。宋

---

① 此語原作："氣有不存，而性卻常在。"見《朱子語類》卷四，第112頁。

② "孔、孟言性之異"後略去數字，"但未全如"後脱"其"字。見《晦庵先生朱文公集》卷五十八《答宋深之》，《四庫提要著録叢書》集部第245册，第338—339頁。

儒強命之曰"孟子專以理言",冤矣! 孔子曰:"性相近也,習相遠也。"此二語乃自罕言中偶一言之,遂爲千古言性之準。性之相近如真金,輕重多寡雖不同,其爲金俱相若也。惟其有差等,故不曰"同";惟其同一善,故曰"近"。將天下聖賢、豪傑、常人不一之姿性,皆於"性相近"一言包括,故曰"人皆可以爲堯、舜";將世人引蔽習染、好色好貨以至弑君弑父無窮之罪惡,皆于"習相遠"一句定案,故曰"非才之罪也","非天之降才爾殊也",孔、孟之旨一也。昔太甲顛覆典刑,如程朱作阿衡,必將曰"此氣質之惡"。而伊尹則曰"兹乃不義,習與性成"。大約孔、孟而前,責之習,使人去其所本無;程朱以後,責之氣,使人憎其所本有,是以人多以氣質自諉,竟有"山河易改,本性難移"之諺矣,其誤世豈淺哉?

此理皆聖賢所罕言者,而近世大儒如河南程先生、横渠張先生嘗發明之,其説甚詳。①

以聖賢所罕言諄諄言之,至於何年習數,何年習禮,何年學樂,周、孔日與天下共見者而反後之,便是禪宗。

邵浩問曰:"趙書記嘗問浩:'如何是性?'浩對以伊川云:'孟子言性善是極本窮原之性;孔子言性相近,是氣質之性。'趙云:'安得有兩樣! 只有《中庸》説"天命之謂性"自分明。'"曰:"公當初不曾問他,'既謂之善,固無兩般,纔説相近,須有兩樣'。"

---

① "此理",原作"此二義"。見《晦庵先生朱文公集》卷五十八《答宋深之》,第339頁。

善哉書記！認性真確，朱子不如大舜舍己從人矣。殊不思夫子言相近，正謂善相近也；若有惡，則如黑白、冰炭，何近之有？

孟子言性，只説得本然底，論才亦然。荀、揚、韓諸人雖是論性，其實只説得氣。①

不本然，便不是性。

問："氣質之説起自何人？"曰："此起于程、張。某以爲極有功于聖門，有補於後學。"②

程、張隱爲佛氏所惑，又不解惡人所從來之故，遂杜撰氣質一説，誣吾心性。而乃謂有功聖門，有補來學，誤甚。

程子曰："善惡皆天理。謂之惡者，本非惡，但或過或不及，便如此。蓋天下無性外之物，本皆善而流於惡耳。"

玩"本非惡，但或過或不及便如此"語，則程子本意亦未嘗謂氣質之性有惡，凡其所謂善惡者，猶言偏全、純駁、清濁、厚薄焉耳。但不宜輕出一惡字，馴至有"氣質惡爲吾性害"之説，立言可不慎乎！"流於惡"，"流"字有病，是將謂源善而流惡，或上流善而下流惡矣。不知源善者流亦善，上流無惡者

---

① "荀、揚、韓諸人雖是論性，其實只説得氣"，非原文，乃概括大意。見《朱子語類》卷四，第113頁。

② "程、張"，原作"張、程"。見《張子全書》卷二"《正蒙》一"，光緒三年夏州李氏校刊本。

下流亦無惡，其所謂惡者，乃是他途岐路别有點染。譬如水出泉，若皆行石路，雖自西海達于東海，毫不加濁，其有濁者，乃虧土染之，不可謂水本清而流濁也。知濁者爲土所染，非水之氣質，則知惡者是外物染乎性，非人之氣質矣。

問："'善固性也'固是，若云'惡亦不可不謂之性'，則此理本善，因氣而鶻突；雖是鶻突，然亦是性也。"曰："他原頭處都是善，因氣偏，這性便偏了。然此處亦是性。如人渾身都是惻隱而無羞惡，都羞惡而無惻隱，這個便是惡的。這個唤做性耶不是？如墨子之心，本是惻隱，孟子推其弊到得無父處，這個便是'惡亦不可不謂之性'也。"①

此段朱子極力刻畫氣質之惡，明乎此，則氣質之有惡昭然矣；大明乎此，則氣質之無惡昭然矣。夫"氣偏性便偏"一言，是程、朱氣質性惡本旨也。吾意偏于何物？下文乃曰："如人渾身都是惻隱而無羞惡，都羞惡而無惻隱，這便是惡。"嗚呼！世豈有皆惻隱而無羞惡，皆羞惡而無惻隱之人耶？豈有皆惻隱而無羞惡，皆羞惡而無惻隱之性耶？不過偏勝者偏用事耳。今即有人偏勝之甚，一身皆是惻隱，非偏於仁之人乎？其人上焉而學以至之，則爲聖也，當如伊尹；次焉而學不至，亦不失爲屈原一流人；其下頑不知學，則輕者成一姑息好人，重者成一貪溺昧罔之人。然其貪溺昧罔，亦必有外物引之，遂爲所蔽而僻焉，久之相習而成，遂莫辨其爲後起、爲本

---

① "惡的"，原作"惡德"；"性耶"，原作"性邪"；"他原頭"，原作"它原頭"。見《朱子語類》卷四，第114頁。

來,此好色好貨,大率偏于仁者爲之也。若當其未有引蔽,未有習染,而指其一身之惻隱曰,此是好色,此是好貨,豈不誣乎？即有人一身皆是羞惡,非偏於義之人乎？其人上焉而學以至之,則爲聖也,當如伯夷;次焉而學不至,亦不失爲海瑞一流人;其下頑不知學,則輕者成一傲岸絶物,重者成狠毒殘暴之惡人。然其狠毒殘暴,亦必有外物引之,遂爲所蔽而僻焉,久之相習而成,遂莫辨其爲後起、爲本來,大率殺人戕物,皆偏於義者爲之也。若當其未有引蔽,未有習染,而指其一身之羞惡者曰,此是殺人,此是戕物,豈不誣乎？墨子之心原偏於惻隱,遂指其偏於惻隱者,謂之無父,可乎？但彼不明其德,無晰義之功,見此物亦引愛而出,見彼物亦引愛而出,久之相習,即成一兼愛之性,其弊至視父母如路人,則惡矣;然亦習之至此,非其孩提即如此也。即朱子亦不得不云"孟子推其弊至於無父",則下句不宜承之曰"惡亦不可不謂之性"也。

> 朱子曰:"濂溪説:'性者,剛、柔、善、惡、中而已矣。'濂溪説性,只是此五者。他又自有説仁、義、禮、智底性時,若論氣質之性,則不出此五者。然氣稟底性,便是那四端底性,非别有一種性也。"①

既云"氣稟之性即是四端之性,别無二性",則惡字從何加之？可云"惡之性即善之性"乎？蓋周子之言善惡,或亦如言偏全耳。然偏不可謂爲惡也;偏亦命于天者也,雜亦命於

---

① "若論氣質之性"中的"質"字,原作"稟"。見《朱了語類》卷九十五,第330—331頁。

天者也，惡乃成於習耳。如官然：正印固君命也，副貳獨非君命乎？惟山寨僭僞非君命耳。如生物之本色然：五色兼全，且均勻而有條理者，固本色也；獨黄獨白非本色乎？即色有錯雜獨非本色乎？惟灰塵污泥薰漬點染非本色耳。今乃舉副貳雜職與僭僞同誅，以偏色錯彩與污染并厭，是惟正印爲君命，純美爲本色，惟堯、舜、孔、孟爲性善也，烏乎可？周子《太極圖》，原本之道士陳希夷、禪僧壽涯，豈其論性亦從此誤，而諸儒遂皆宗之歟？

> 言若水之就下處，當時只是滚説了。蓋水之就下，便是喻性之善，如孟子所謂"過顙"、"在山"，雖不是順水之性，然不謂之水不得。這便是前面"惡亦不可不謂之性"之説。①

竭盡心力，必説性有惡，何爲？弒父弒君亦是人，然非人之性；"過顙"、"在山"亦是水，然非水之性。

水流至海而不污者，氣稟清明，自幼而善，聖人性之而全其天者也。流未遠而已濁者，氣稟偏駁之甚，自幼而惡者也；流既遠而方濁者，長而見異物而遷焉，失其赤子之心者也。濁有多少，氣之昏明純駁有淺深也。不可以濁者不爲水，惡亦不可不謂之性也。

水流未遠而濁，是水出泉即遇易虧之土，水全無與也，水亦無如何也。人之自幼而惡，是本身氣質偏駁，易于引蔽習染，人與有責也，人可自力也。如何可倫！人家牆卑，易于招

---

① "言若水之就下處，當時只是滚説了"，乃原文大意。見《朱子語類》卷四，第114頁。

盗,牆誠有咎也,但責牆曰"汝即盗也",受乎哉?

因言舊時人嘗裝惠山泉去京師,或時臭了。京師人會洗水,將沙石在筧中,上面傾水,從筧中下去。如此十數番,便漸如故。

此正洗水之習染,非洗水之氣質也。

而今講學用心著力,都是用這氣去尋個道理。①

然則氣又有用如此,而謂其有惡乎?

或問:"'形而後有氣質之性'其所以有善惡之不同,何也?"勉齋黄氏曰:"氣有偏正,則所受之理隨而偏正;氣有昏明,則所受之理隨而昏明。木之氣盛則金之氣衰,故仁常多而義常少;金之氣盛則木之氣衰,故義常多而仁常少。若此者,氣質之性有善惡也。"

是以偏爲惡矣。則伯夷之偏清,柳下惠之偏和,亦謂之惡乎?

愚嘗質之先師。答曰:"未發之前,氣不用事,所以有善而無惡。"至哉此言也!②

未發之前可羡如此,則已發可憎矣,宜乎佛氏之打坐入

① "都",原作"卻"。見《朱子語類》卷四,第114頁。
② "愚嘗質之先師",原文作"愚嘗以是而質之先師"。見《張子全書》卷二"《正蒙》一"。

定，空卻一切也！黄氏之言，不愈背誕乎！

氣有清濁，譬如着些物蔽了，發不出。如柔弱之人見義不爲，爲義之意卻在裏面，只是發不出。如燈火使紙罩了，光依舊在裏面，只是發不出來，拆去了紙，便自是光。

此紙原是罩燈火者，欲燈火明必拆去紙。氣質則不然。氣質拘此性，即從此氣質明此性，還用此氣質發用此性。何爲拆去？且何以拆去？拆而去之，又不止孟子之所謂戕賊人矣！

以人心言之，未發則無不善，已發則善惡形焉。然原其所以爲惡者，亦自此理而發，非是别有個惡，與理不相干也。若别有個惡，與理不相干，卻是有性外之物也。

以未發爲無不善，已發則善惡形，是謂未出土時純是麥，既成苗時即成麻與麥，有是理乎？至謂所以爲惡亦自此理而發，是誣吾人氣質，并誣吾人性理，其初尚近韓子"三品"之論，至此竟同荀氏"性惡"，揚氏"善惡混"矣。

北溪陳氏曰："自孟子不説到氣稟，所以荀子便以性爲惡，揚子便以性爲善惡混，韓文公又以爲性有三品，都只是説得氣。近世東坡蘇氏又以爲性未有善惡，五峰胡氏又以爲性無善惡，都只含糊云云。至程子，于本性之外又發出氣質一段，方見得善惡所從來。"又曰："萬世而下，學者只得按他説，更不可改易。"①

程、張于衆論無統之時，獨出"氣質之性"一論，使荀、揚以來諸家所言皆有所依歸，而世人無窮之惡皆有所歸咎，是以其徒如空谷聞音，欣然著論垂世。而天下之爲善者愈阻，曰"我非無志也，但氣質原不如聖賢耳"。天下之爲惡者愈不懲，曰"我非樂爲惡也，但氣質無如何耳"。且從其説者，至出辭悖戾而不之覺，如陳氏稱"程子于本性之外發出氣禀一段"。噫！氣禀乃非本來者乎？本來之外，乃别有性乎？又曰"方見得善惡所從來"，惡既從氣禀來，則指漁色者氣禀之性也，黷貨者氣禀之性也，弑父弑君者氣禀之性也，將所謂引蔽、習染，反置之不問。是不但縱賊殺良，幾于釋盜寇而囚吾兄弟子姪矣，異哉！

潛室陳氏曰："識氣質之性，善惡方各有著落。不然，則惡從何處生？孟子專言義理之性，則惡無所歸，是'論性不論氣不備'。孟子之説爲未備。"②

觀告子或人三説，是孟子時已有荀、揚、韓、張、程、朱諸説矣，但未明言"氣質"二字耳。其未明言者，非其心思不及，乃去聖人之世未遠，見習禮，習樂，習射御，習書、數，非禮勿視聽言動皆以氣質用力，即此爲存心，即此爲養性，故曰"志

① "自孟子"，衍"自"；"云云"，即指略去數字；"氣質"，原作"氣禀"；"從來"，原作"由來"；"萬"字前脱"千"；"又曰"前略去數語。見陳淳《北溪先生字義》卷上，《四庫提要著録叢書》本（據明弘治五年林同刻本影印），第44頁。

② "識"前脱"才"，"善惡"前脱"即"。"惡從何處生"後脱"以孟子之説未備，故程門發此義"，"義理之性"後脱"專説義理"。見陳埴《潛室陳先生木鍾集》卷三，南京圖書館藏膠片（底本爲明慎獨齋刻本）。

至焉，氣次焉”，故曰“持其志無暴其氣”，故曰“養吾浩然之氣”，故曰“惟聖人然后可以踐形”。當時儒者視氣質甚重，故雖異説紛紛，已有隱壞吾氣質以誣吾性之意，然終不敢直誣氣質以有惡也。魏、晋以來，佛老肆行，乃于形體之外别狀一空虚幻覺之性靈，禮樂之外别作一閉目静坐之存養。佛者曰“入定”，儒者曰吾道亦有“入定”也。老者曰“内丹”，儒者曰吾道亦有“内丹”也。借四子、五經之文，行《楞嚴》、《參同》之事，以躬習其事爲粗迹，則自以氣骨血肉爲分外，于是始以性命爲精，形體爲累，乃敢以有惡加之氣質，相衍而莫覺其非矣。賢如朱子，而有“氣質爲吾性害”之語，他何説乎！噫，孟子於百説紛紛之中，明性善及才情之善，有功於萬世。今乃以大賢諄諄然罷口敝舌，從諸妄説辯出者，復以一言而誣之曰，孟子之説原不明不備，原不曾折倒告子。噫，孟子果不明乎，果未備乎？何其自是所見，妄議聖賢而不知其非也？

問：“目視耳聽，此氣質之性也。然視之所以明，聽之所以聰，抑氣質之性耶，抑義理之性耶？”曰：“目視耳聽，物也；視明聽聰，物之則也。來問可施於物則，不可施於言性。若言性，當云好色好聲，氣質之性；正色正聲，義理之性。”①

《詩》云：“天生烝民，有物有則；民之秉彝，好是懿德。”孔子曰：“爲此詩者，其知道乎！有物必有則；民之秉彝也，故好是彝德。”詳《詩》與子言，物則非性而何？况朱子解物則，亦

① “好色好聲”，原作“好聲好色”；“正色正聲”，原作“正聲正氣”。見陳埴《潛室陳先生木鍾集》卷十。

云"如有父子則有孝慈,有耳目則有聰明之類",非謂孝慈即父子之性,聰明即耳目之性乎?今陳氏乃云"來問可施於物則,不可施於言性",是謂物則非性矣。又云"若言性,當云好色好聲,氣質之性;正色正聲,義理之性",是物則非義理之性,并非氣質之性矣。則何者爲物之則乎?大約宋儒認性,大端既差,不惟証之以孔、孟之旨不合,即以其説互參之,亦自相矛盾,各相牴牾者多矣。如此之類,當時皆能欺人,且以自欺。蓋空談易于藏醜,是以舍古人六府、六藝之學而高談性命也。予與友人法乾王子初爲程、朱之學,談性天似無齟齬。一旦從事於歸除法,已多艱誤,況禮樂之精繁乎!昔人云:畫鬼容易畫馬難。正可喻此。

臨川吴氏曰:"孟子道性善,是就氣質中挑出其本然之理而言。然不曾分别性之所以有不善者,因氣質之有濁惡而汙壞其性也,故雖與告子言,而終不足以解告子之惑。至今人讀《孟子》,亦見其未有以折倒告子而使之心服也。"

孟子時雖無氣質之説,必有言才不善、情不善者,故孟子曰:"若夫爲不善,非才之罪也。""非天之降才爾殊也。""人見其禽獸也,以爲未嘗有才焉者,是豈人之情也哉!"凡孟子言才情之善,即所以言氣質之善也。歸惡于才、情、氣質,是孟子所深惡,是孟子所亟辯也。宋儒所自恃以爲備於孟子、密於孟子,發前聖所未發者,不知其蹈告子二或人之故智,爲孟子所詞而闢之者也,顧反謂孟子有未備,無分曉。然猶時有回護語,未敢遽處孟子上。至于元儒,則公然肆口以爲程、朱言“未備”，指孟子之言性而言也，言“不明”，指荀、揚世俗之論性者言也，是夷孟子于荀、揚世俗矣。明言氣質濁惡，污吾性，壞吾性。不知耳目、口鼻、手足、五臟、六腑、筋骨、血肉、毛髮俱秀且備者，人之質也，雖蠢，猶異於物也；呼吸充周榮潤，運用乎五官百骸粹且靈者，人之氣也，雖蠢，猶異於物也；故曰“人爲萬物之靈”，故曰“人皆可以爲堯、舜”。其靈而能爲者，即氣質也。非氣質無以爲性，非氣質無以見性也。今乃以本來之氣質而惡之，其勢不并本來之性而惡之不已也。以作聖之氣質而視爲污性、壞性、害性之物，明是禪家六賊之説，其勢不混儒、釋而一之不已也。能不爲此懼乎！是以當此普地狂瀾汎濫東奔之時，不度勢，不量力，駕一葉之舟而欲挽其流，多見其危也，然而不容已也。觀至“雖與告子言，終不足以解告子之惑。至今讀《孟子》，亦見其未有以折倒告子而使之心服”，嘆曰：吴臨川何其似吾童時之見也！吾十餘歲讀《孟子》至“義内章”，見敬叔敬弟之説，猶之敬兄酌鄉人也，公都子何據而遽燎然不復問乎？飲湯飲水之喻，猶之敬叔敬弟也，孟季子何見而遂憮然不復辯乎？至後從“長之者義乎”句悟出，則見句句是義内矣。今觀《孟子》辯性諸章，皆據人情物理指示，何其痛快明白！告子性甚執，不服必更辯，今既無言，是已折倒也。吴氏乃見爲不足解惑，見爲未折倒告子，是其見即告子之見，而識又出告子下矣。

朱子曰：“孟子終是未備，所以不能杜絶荀、揚之口。”

程、朱志爲學者也，即所見異於孟子，亦當虚心以思，何爲孟子之見如彼？或者我未之至乎？更研求告子、荀、揚之所以非，與孟子之所以是，自當得之。乃竟取諸説，統之爲氣質之性，别孟子爲本來之性，自以爲新發之秘，兼全之識，反視孟子爲偏而未備，是何也？去聖遠，而六藝之學不明也。孟子如明月出於黄昏，太陽之光未遠，專望孔子爲的，意見不以用，曲學邪説不以雜。程、朱則如末旬之半夜，偶一明色睒爍之星出，一時暗星既不足比光，而去日月又遠，即儼然太陽，而明月亦不知尊矣。又，古者學從六藝入，其中涵濡性情，歷練經濟，不得躐等，[1]力之所至，見斯至焉。故聰明如端木子，猶以孔子爲多學而識，直待垂老學深，方得聞性道，一聞夫子以顏子比之，爽然自失，蓋因此學好大鶩荒不得也。後世誦讀、訓詁、主静、致良知之學，極易於身在家庭，目遍天下，想像之久，以虚爲實，遂侈然成一家言，而不知其誤也。

吴氏曰："程子'性即理也'云云，張子云'形而後有氣質之性'云云，此言最分曉。而觀者不能解其言，反爲所惑，將謂性有兩種。蓋天命之性，氣質之性，兩性字只是一般，非有兩等性也。"[2]

程、張原知二之則不是，但爲諸子、釋氏、世俗所亂，遂至言性有二矣。既云"天地之性渾是一善，氣質之性有善有惡"，非兩種性而何？可云惡即理乎？

---

① "躐"，原作"獵"。

② 兩處"云云"，皆略去數字；"天命之性"，原作"天地之性"。見吴澄《草廬吴先生輯粹》卷一，第459頁。

問："子罕言命，若仁、義、禮、智、信五常，皆是天所命。如貴賤、死生、壽夭之命有不同，如何？"曰："都是天所命。禀得精英之氣，便爲聖，爲賢，便是得理之全，得理之正。禀得清明者，曰英爽；禀得敦厚者，曰温和。禀得清高者，便貴，禀得豐厚者，便富，禀得長久者，便壽；禀得衰頽、薄污（天命無污，當作'濁'）者，便爲愚、不肖，爲貧，爲賤，爲夭。天有那氣，生一個人出來，便有許多物隨他來。""天之所命，固是均一，而氣禀便有不齊，只看其禀得來如何耳。"①

此段甚醇。愚第三圖大意正仿此。

"三代而上，氣數醇濃。氣清者必厚，必長，故聖賢皆貴，且富，且壽。以下反是。"②

愚謂有回轉氣運法。惟行選舉之典，則清者自高自厚矣。

程子曰："性無不善，其所以不善者才也。受于天之謂性，禀于氣之謂才。才之善不善，由氣之有偏正也。"

罪氣因罪才，故曰孟子時人言才情不善即氣質之説。程、張氣質之性，即告子二或人之見也。

---

① "曰英爽"、"曰温和"，兩"曰"字原作"便"；"長久"，原作"久長"；"禀得衰頽、薄污（天命無污，當作'濁'）者"，原作"禀得衰頽、薄濁者"；"而氣禀便有不齊"，原作"到氣禀處便有不齊"。見《朱子語類》卷四，第116—117頁。

② "而"，原作"以"；"氣清"，原作"故氣之清"；"故"，原作"而"；"且富，且壽"，原作"且壽，且富"。見《晦庵先生朱文公文集》卷五十六《答鄭子上》，《四庫提要著録叢書》第245册，第292頁。

告子所云固是，爲孟子問他，他説，便不是也。①

愚謂程、朱即告子之説，猶屬遥度之語。茲程子竟明許告子所言是，且曰"爲孟子問他，他説便不是"，似憾告子辭不達意者。不知諸先生正不幸不遇孟子問，故不自知其不是也。

朱子曰："性者，心之理；情者，心之動。才便是那情之會恁地者。情與才絶相近，但情是遇物而發，路陌曲折，恁的去底；才是有氣力去做底。要知，千頭萬緒，皆是從心上來。"②

此段確真。乃有"才情惡，氣質惡，程子密于孟子"之語，何也？

伊川所謂才，與孟子説才小異，而語意尤密，不可不考。③

伊川明言"其不善乃是才也"，與孟子之説如冰炭之異性，燕、越之異轅矣，尚得謂之小異乎！

氣質之性，古人雖不曾與人説，考之經典，卻有此意。如《書》云"人惟萬物之靈，亶聰明作元后"，與夫"天乃錫王智勇"之説，皆此意也。孔子説"性相近也，習相

① "孟子問他"中的"他"，原作"佗"。見《二程遺書》卷十八。

② "恁的"，原作"恁地"；"才是有氣力去做底"，原作"才是那會如此底"；"要知"，原作"要之"。見《朱子語類》卷五，第125頁。

③ "伊川所謂才"後略去數字。見《朱子語類》卷五十九，第634頁。

遠也",孟子辯告子"生之謂性",亦是説氣質之性。①

"氣質之性"四字,未爲不是,所差者,謂性無惡,氣質偏有惡耳。兹所引經傳乃正言氣質之性善者,何嘗如程、張之説哉！朱子既惑于其説,遂視經傳皆是彼意矣。若僕曲爲援引,較此更似:"道心惟微",義理之性也;"人心惟危",氣質之性也;"命也,有性焉",義理之性也;"性也,有命焉",氣質之性也。然究不可謂之有惡。

問:"天理人欲,同體異用之説如何?"曰:"當然之理,人合恁地底,便是體,故仁、義、禮、知爲體。如五峰之説,則仁與不仁,禮與不禮,智與不智,皆是性。如此,則性乃一個大人欲窠子！其説乃與東坡、子由相似,是大鑿脱,非小失也。"②

以氣質之性爲有善有惡,非仁與不仁、禮與不禮皆性乎?非説性是一大私欲窠子乎?朱子之言,乃所以自駁也。

① "與人説",原作"説著";"人惟",原作"惟人";"孔子説",原作"孔子謂";"辯",原作"辨"。見《朱子語類》卷五十九,第635頁。

② "仁與不仁"後脱"義與不義";"不禮"、"不智",原作"無禮"、"無智"。見《朱子語類》卷一百一,第395頁。

卷二

博陵　顔元　著

性圖

竊謂宋儒皆未得孟子性善宗旨。故先繪朱子圖於前，而繪愚妄七圖於後，以請正於高明長者。

朱子性圖

性善 性無不善。

惡 惡不可謂從善中直下來，只是不能善，則偏於一端而爲惡。

善 发而中節，無性不善。

右圖解云："發而中節，無性不善。"竊謂雖發而不中節，亦不可謂有性不善也，此言外之弊也。"惡"字下云："惡不可謂從善中直下來。"此語得之矣。則"惡"字不可與"善"字相比爲圖，此顯然之失也。又云："只是不能善。"此三字甚惑，果指何者不能爲善也？上只有一性，若以性不能爲善，則誣性也；若謂才或情不能爲善，則誣才與情也；抑言别有所爲而不能爲善，則不明也。承此，云"則偏於一邊而爲惡"，但不知是指性否？若指性則大非。“性善”二字，更無脱離。蓋性之未發，善也；雖性之已發，而中節與不中節皆善也；謂之有惡，又誣性之甚也。然則朱子何以圖也？反覆展玩，乃曉然見其意，蓋明天命之性與氣質之性之别，故上二字注之曰“性無不善”，謂其所言天命之性也；下二字“善”、“惡”并列，謂其所言氣質之性也。噫！氣質非天所命乎？抑天命人以性善，又命人以氣質惡，有此二命乎？然則程、張諸儒氣質之性愈分析，孔、孟之性旨愈晦蒙矣。此所以敢妄議其不妥也。

妄見圖凡七

僕自頗知學來，讀宋先儒書，以爲諸先正真堯、舜、孔、孟也。故於《通書》稱其爲二《論》後僅見之文；尊周子爲聖人，又謂得《太極圖》則一以貫之；大程子似顔子；於小學稱朱子爲聖人；於《家禮》尊如神明，曰如有用我者，舉此而措之。蓋全不覺其于三代以前之學有毫釐之差也。惟至康熙戊申，不幸大故，一一式遵文公《家禮》，罔敢隕越。身歷之際，微覺有違於性情者，哀毁中亦不能辨也。及讀《記》中喪禮，始知其多錯誤。卒哭，王子法乾來吊，謂之曰：“信乎，非聖人不可制作，非聖人亦不可删定也！朱子之脩禮，猶屬僭也。”蓋始知其非聖人也。至練後，哀稍殺，又病，不能純哀思，不若於哀不至時略觀書。於是檢《性理》一册，至朱子《性圖》，反覆不能解。久之，猛思朱子蓋爲氣質之性而圖也，猛思堯、舜、禹、湯以及周、孔諸聖皆未嘗言氣質之性有惡也，猛思孟子性善、才情皆可爲善之論，誠可以建天地，質鬼神，考前王，俟百世，而諸儒不能及也。乃爲妄見圖凡七，以申明孟子本意，此則其總圖也。

大圈，天道統體也。上帝主宰其中，不可以圖也。左陽也，右陰也，合之則陰陽無間也。陰陽流行而爲四德，元、亨、利、貞也，四德，先儒即分春、夏、秋、冬，論語所謂“四時行”也。横豎正畫，四德正氣正理之達也，四角斜畫，四德間氣間理之達也。交斜之畫，象交通也；滿面小點，象萬物之化生也，莫不交通，莫不化生也，無非是氣是理也。知理氣融爲一片，則知陰陽二氣，天道之良能也；元、亨、利、貞四德，陰陽二氣之良能也；化生萬物，元、亨、利、貞四德之良能也。知天道之二氣，二氣之四德，四德之生萬物，莫非良能，則可以觀此圖矣。萬物之性，此理之賦也；萬物之氣質，此氣之凝也。正者，此理此氣也；間者，亦此理此氣也；交雜者，莫非此理此氣也；高明者，此理此氣也；卑暗者，亦此理此氣也；清厚者，此理此氣也；濁薄者，亦此理此氣也；長短、偏全、通塞，莫非此理此氣也。至于人，則尤爲萬物之粹，所謂“得天地之中以生”者也。二氣四德者，未凝結之人也；人者，已凝結之二氣四德也。存之爲仁、義、禮、智，謂之性者，以在内之元、亨、利、貞名之也；發之爲惻隱、羞惡、辭讓、是非，謂之情者，以及物之元、亨、利、貞言之也；才者，性之爲情者也，是元、亨、利、貞之力也。謂情有惡，是謂已發之元、亨、利、貞，非未發之元、亨、利、貞也。謂才有惡，是謂蓄者元、亨、利、貞，能作者非元、亨、利、貞也；謂氣質有惡，是元、亨、利貞之理謂之天道，元、亨、利、貞之氣不謂之天道也。噫！天下有無理之氣乎？有無氣之理乎？有二氣四德外之理氣乎？惡其發者，是即惡其存之漸也；惡其力者，是即惡其本之漸也；惡其氣者，是即惡其理之漸也。何也？人之性，即天之道也。以性爲有惡，則必以天道爲有惡矣；以情爲有惡，則必以元、亨、利、貞爲有惡矣；以

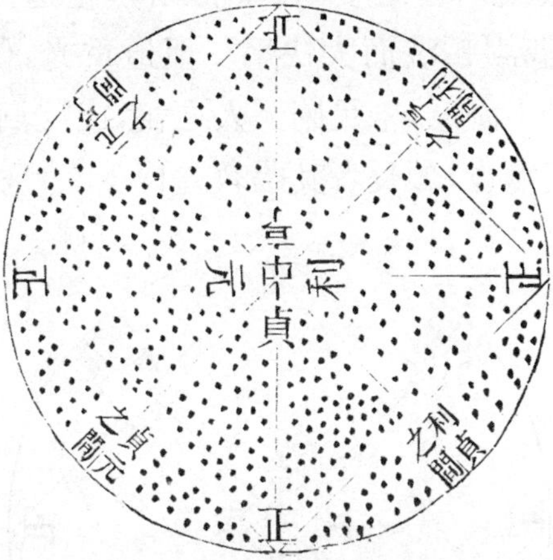

渾天地間二氣四德化生萬物之圖

才爲有惡，則必以天道流行乾乾不息者亦有惡矣。其勢不盡取三才，而毁滅之不已也。

嗚呼！漢、魏以來，異端昌熾，如洪水滔天，吾聖人之道如病蠶吐絲，迨於五季而倍微。當此時，而以惑于異端者誣聖曰“聖人之言性本如是也”，必諸先正之所不忍；天道昭布現前如此，聖經賢傳指示親切如此，而必以惑於世俗者誣天曰“天生人之氣質，本有惡也”，亦必諸先正之所不敢。其爲此論，特如時諺所云“習俗移人，賢者不免”耳。是圖也，正就程、張、朱發明精確者一推衍之，非敢謂於先儒之見有加也，特不雜於荀、揚、佛、老而已矣；正即氣質之性一訂釋之，非謂無氣質之性也，特不雜以引蔽習染而已矣。意之不能盡者，仍詳説於各圖下。無非欲人共見乎天道之無他，人性之本善，使古聖賢性習之原旨，昭然復明於世，則人知爲絲毫之惡，皆自點其光瑩之本體，極神聖之善，始自踐其固有之形骸；而異端重性輕形因而滅絶倫紀之説，自不得以惑人心；喜靜惡動因而廢棄六藝之妄，自不得以蕪正道。諸先正之英靈，必深喜其偶誤頓洗而大快乎！聖道重光，僕或幸可以告無罪矣。其辭不副意，未足闡天人之秘，或反汩性理者，庸陋亦不敢自保其無也，願長者其賜教焉！

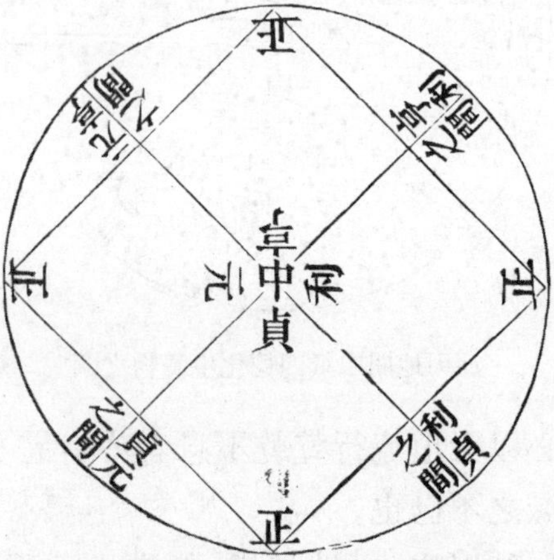

二氣四德順逆交通錯綜薰烝變易感觸聚散卷舒以化生萬物之圖
以下三圖即就總圖中摘出論之

陰陽流行而爲四德。順者，如春德與夏德，順也；逆者，如春德與秋德，逆也。交者，二德合或三四合也；通者，自一德達一德，或中達正、間，正、間達中，正達間，間達正，正、正達，間、間達之類也。錯者，陰陽、剛柔彼此相對也；綜者，陰陽、剛柔上下相穿也。熏者，如香之薰物，居此及彼，以虛洽實，不必形接而臭至之也；烝者如烝食，如天地絪縕，下漸上也，一發而普遍也。變者，化也，有而無也，無而有也，或德相變，或正、間、斜相變也，如田鼠化駕，雀化爲蛤之變也；易者，神也，往來也，更代也，治也，陽乘陰，陰承陽也。感者，遙應也，如感月光，感蒼龍，感流星之類是也；觸者，邂逅也，不期遇也，如一流復遇一流，舟行遇山，火發遇雨，雲集遇風之類是也。聚者，理氣結也，一德聚，或二三四德共聚也；散者，散其聚也；舒者，縷長直去也；卷者，迴其舒也。十六者，四德之變也。德惟四而其變十六；十六之變，不可勝窮焉。

爲運不息也，止有常也，照臨、薄食也，燦列、流隕、進退、隱見也，吹噓、震蕩也，高下、平陂、土石、毛枯也，會分、燥濕、流止也，稚老、彫蓄、材灰也，飛、潛、蠕、植，不可紀之狀也。至于人，清濁、厚薄、長短、高下，或有所清，有所濁，有時厚，有時薄，大長小長，大短小短，時高時下，參差無盡之變，皆四德之妙所爲也。世固有妖氛瘴厲，亦因人物有所激感而成，如人性之有引蔽習染，而非其本然也。

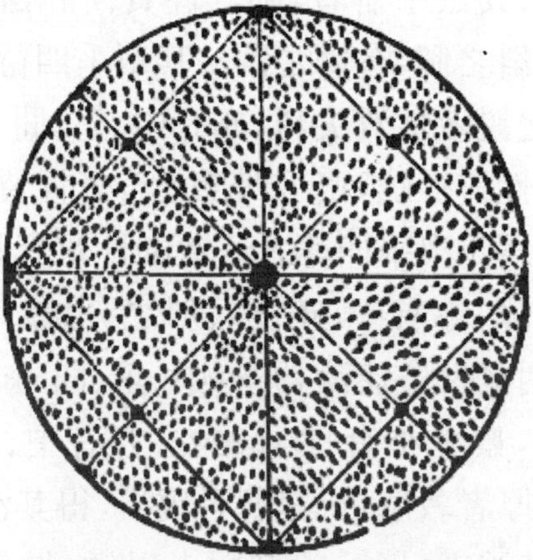

萬物化生於二氣四德中邊直屈方圓
衡僻齊鋭離合遠近遠遇大小厚薄清
濁強弱高下長短疾遲全缺之圖

或謂既已感激而成妖瘴，則稟是氣而生者即爲惡氣惡質。不知雖極污穢，及其生物，仍返其元，猶是純潔精粹二氣四德之人，不即污穢也。如糞中生五穀瓜蔬，俱成佳品，斷不臭惡。穢朽生芝，鯀、瞍生聖，此其彰明較著者也。

四德之理氣，分合交感而生萬物。其禀乎四德之中者，則其性質調和，有大中之中，有正之中，有間之中，有斜之中，有中之中。其禀乎四德之邊者，則其性質偏僻，有中之邊，有正之邊，有間之邊，斜之邊，邊之邊。其禀乎四德之直者，則性質端果，有中之直，正之直，間之直，斜之直，直之直。其禀乎四德之屈者，則性質曲折，有中之屈，有正之屈，間之屈，斜之屈，屈之屈。其禀乎四德之方者，則性質板棱，有中之方，正之方，間之方，有斜之方，方之方。其禀乎圓者，則性質通便，有中之圓，正之圓，間之圓，斜之圓，圓之圓。其禀乎四德之沖者，則性質繁華，有中之沖，有正之沖，有間之沖，有斜之沖，有沖之沖。其禀乎僻者，則其性質閒静，有中之僻，正之僻，間之僻，有斜之僻，有僻之僻。其禀乎四德之齊者性質漸鈍，禀乎四德之鋭者性質尖巧，亦有中、正、間、斜之分焉。禀乎四德之離者性質孤疏，禀乎四德之合者性質親密，亦有中、正、間、斜之分焉。禀乎四德之遠者則性質奔馳，禀乎四德之近者則性質拘謹，亦有中、正、間、斜之分焉。其禀乎違者性質乖左，禀乎遇者性質湊濟，亦有中、正、間、斜之分焉。禀乎大者性質廣闊，禀乎小者性氣狹隘，亦有中、正、間、斜之分焉。至於得其厚者敦龐，得其薄者磽瘠，得其清者聰明，得其濁者愚蠢，得其强者壯往，得其弱者退諉，得其高者尊貴，得其下者卑賤，得其長者壽固，得其短者夭折，得其疾者早速，得其遲者晚滯，得其全者充滿，得其缺者破敗，亦莫不有中、正、間、斜之别焉。此三十二類者，又十六變之變也，三十二類之變，又不可勝窮焉。然而不可勝窮者，不外於三十二類也,三十二類不外於十六變也,十六變不外四德也,四德不外於二氣,二氣不外於天道也,舉不得以惡言也。昆蟲、草木、蛇蠍、豺狼,皆此天道之理之氣所爲,而不可以惡言,況所稱受天地之中、得天地之粹者乎!

既有萬物圖,復摘繪其一隅者,全圖意有所不能盡,復即一隅以盡其曲折也。此上黑點,亦象萬物,姑以人之性質言之。如中角半大點,理氣會其大中,四德全體,無不可通,而元亨爲尤盛。得其理氣以生人,則惻隱辭讓多;或裏元而表亨,則中惠貌莊之人也;或裏亨而表元,則中嚴貌順之人也。然以得中也,四德無不可通也,則有爲聖人者焉,有爲賢人者焉,有爲士者焉;以通元亨之間,去利貞之濟遠也,則亦有爲常人者焉;皆行生之自然,不可齊也。仁之勝者,聖如伊尹,賢如顔子,士如黄憲,常人如里巷中温厚之人;禮之勝者,聖如周公,賢如子華,士如樊英,常人如里巷矜持之人。南邊一大點,則偏亨用事,禮勝可知也。準中之禮盛例,而達乎元者頗難,達乎利貞者尤難。然而可通乎中以及乎貞,可邊通乎元利,可斜通乎利亨之交,可邊通乎亨利之間,而因應乎元貞之間,可邊通乎亨元之間;而因應乎貞利之間,可斜通乎亨元之交。故雖禮勝而四德皆通,無不可爲樊英、子華、周公也。東邊一大點,則偏元用事,仁勝可知也。準中之仁勝例,而達乎亨者難,達乎貞利者更難。

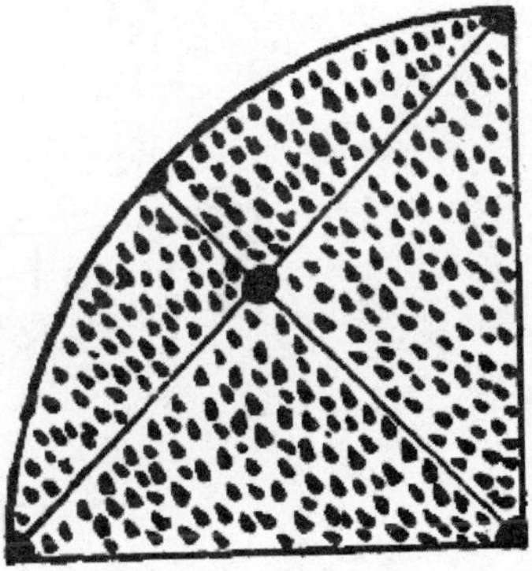

單繪一隅即元亨以見意之圖

然而可通乎中以及於利，可邊通乎貞亨，可斜通乎貞元之交，可邊通乎元貞之間，而因應乎利亨之間，可邊通乎元亨之間；而亦因應乎利貞之間，可斜通乎元亨之交。故雖仁勝而四德皆通，亦無不可爲叔度、顏子、伊尹也。東南隅一大點，元亨之間也，然直通元亨之斜以達於中，而與貞利之間爲正應，雖間斜，而用力爲之，亦無不可爲黄、樊、顏、西、伊、周也。隅中一大點，居元亨斜間之交，而似中非中。然斜中達于大中而通及貞利，雖間斜，而用力爲之，亦無不可爲黄、樊、顏、西、伊、周也。其隅中若干小點，或大，或小，或方，或圓，或齊，或鋭，或疏，或密，或沖，或僻，或近中，或近正，或近間，或近斜，或近元，或近亨，蓋亦莫不以一德或二德，總含四德之氣理而寓一中，所謂“人得天地之中以生”也。是故通、塞、正、曲，雖各有不同，而盈宇宙無異氣，無異理。敬勉力爲之，而勿刻以行其惻隱，不傲以行其恭敬，亦無不可爲黄、樊、顏、西、伊、周也。故曰“人皆可以爲堯、舜”，而全體從可知矣。

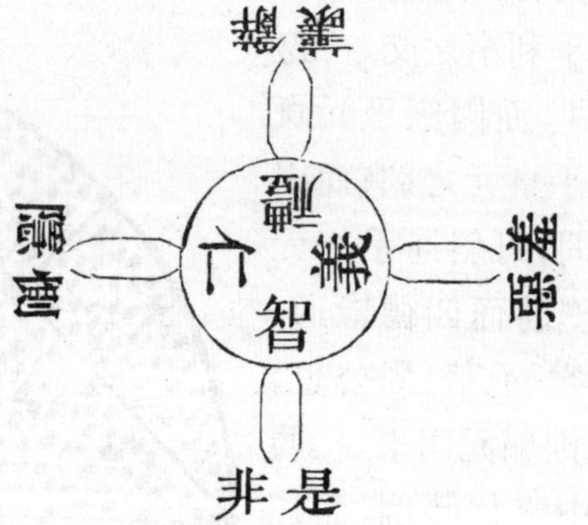

孟子性情才皆善之圖

圈，心也；仁、義、禮、智，性也。心一理而統此四者，非塊然有四件也。既非塊然四件，何由而名爲仁、義、禮、智也？以發之者知之也，則惻隱、羞惡、辭讓、是非也。發者，情也；能發而見於事者，才也。則非情、才無以見性，非氣質無所爲情、才，即無所爲性。

是情非他，即性之見也；才非他，即性之能也；氣質非他，即性、情、才之氣質也。一理而異其名也。若謂性善而才、情有惡，譬則苗矣，是謂種麻而秸實遂雜麥也；性善而氣質有惡，譬則樹矣，是謂内之神理屬柳而外之枝幹乃爲槐也。自有天地以來，有是理乎？後儒之言性也，以天道、人性攙而言之；後儒之認才、情、氣質也，以才、情、氣質與引蔽習染者雜而言之。以天道攙人性，未甚害乎性；以引蔽習染雜才、情、氣質，則大誣乎才、情、氣質矣。此無他，認接樹作本樹也，嗚呼，此豈樹之情也哉！

中，渾然一性善也。見當愛之物而情之惻隱能直及之，是性之仁；其能惻隱以及物者，才也。見當斷之物而羞惡能直及之，是性之義；其能羞惡以及物者，才也。見當敬之物而辭讓能直及之，是性之禮；其能辭讓以及物者，才也。見當辨之物而是非能直及之，是性之智；其能是非以及物者，才也。不惟聖賢與道爲一，雖常人率性，亦皆如此，更無惡之可言，故孟子曰"性善"，"乃若其情，可以爲善"，"若爲不善，非才之罪也"。

及世味紛乘，貞邪不一，惟聖人禀有全德，大中至正，順應而不失其則。下此者，財色誘於外，引而之左，則蔽其當愛而不見，愛其所不當愛，而貪營之剛惡出焉；私小據于己，引而之右，則蔽其當愛而不見，愛其所不當愛，而鄙吝之柔惡出

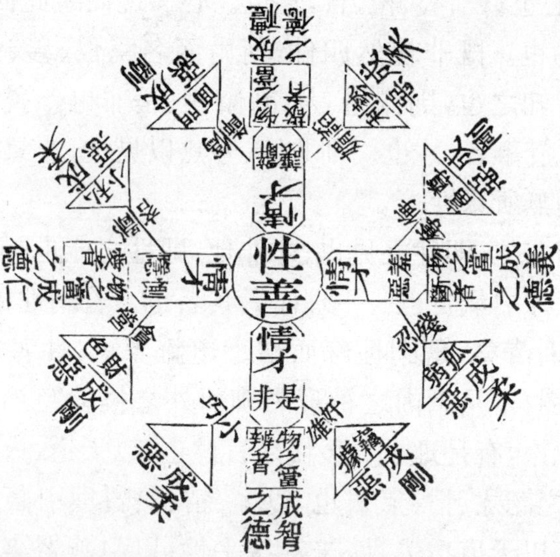

孟子性情才皆善爲不善非才之罪圖

焉；以至羞惡被引而爲侮奪、殘忍，辭讓被引而爲僞飾、諂媚，是非被引而爲奸雄、小巧，種種之惡所從來也。然種種之惡，非其不學之能、不慮之知，必且進退齟齬，本體時見，不純爲貪營、鄙吝諸惡也，猶未與財色等相習而染也。斯時也，惟賢士豪傑，稟有大力，或自性覺悟，或師友提撕，知過而善反其天。又下此者，賦稟偏駁，引之既易而反之甚難，引愈頻而蔽愈遠，習漸久而染漸深，以至染成貪營、鄙吝之性之情，而本來之仁不可知矣，染成侮奪、殘忍之性之情，而本來之義不可知矣，染成僞飾、諂媚之性之情與奸雄、小巧之性之情，而本來之禮、智俱不可知矣。

嗚呼！禍始引蔽，成於習染。以耳目、口鼻、四肢、百骸可爲聖人之身，竟呼之曰禽獸，猶幣帛素色，而既污之後，遂呼之曰赤帛黑帛也，而豈其材之本然哉？然人爲萬物之靈，又非幣帛所可倫也。幣帛既染，雖故質尚在而驟不能復素；人則極凶大憝，本體自在，止視反不反、力不力之間耳。嘗言盜蹠，天下之極惡矣，年至八十，染之至深矣，倘乍見孺子入井，亦必有怵惕惻隱之心，但習染重者不易反也。蠡一吏婦，淫奢無度，已逾四旬，疑其習與性成矣。丁亥城破，產失歸田，朴素勤儉，一如農家。乃知繫蹠囹圄數年，而出之孔子之堂，又數年亦可復善。吾故曰，不惟有生之初不可謂氣質有惡，即習染凶極之餘亦不可謂氣質有惡也。此孟子夜氣之論所以有功于天下後世也。程、朱未識此意，而甚快夜氣之説，則亦依稀之見而已矣。

吾之論引蔽習染也，姑以仁之一端觀之。性之未發則仁，既發則惻隱順其自然而出。父母則愛之，次有兄弟，又次有夫妻、子孫則愛之，又次有宗族、戚黨、鄉里、朋友則愛之。

其愛兄弟、夫妻、子孫，視父母有別矣，愛宗族、戚黨、鄉里，視兄弟、夫妻、子孫又有別矣，至於愛百姓又別，愛鳥獸、草木又別矣。此乃天地間自然有此倫類，自然有此仁，自然有此差等，不由人造作，不由人意見。推之義、禮、智，無不皆然，故曰“渾天地間一性善也”，故曰“無性外之物也”。但氣質偏駁者易流，見妻子可愛，反以愛父母者愛之，父母反不愛焉；見鳥獸、草木可愛，反以愛人者愛之，人反不愛焉；是謂貪營、鄙吝。以至貪所愛而弑父弑君，吝所愛而殺

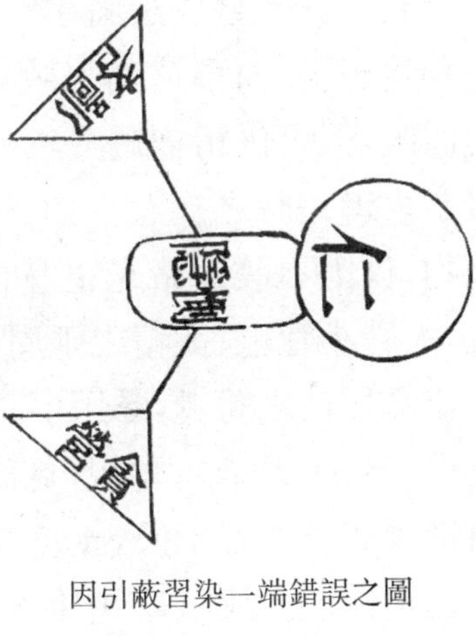

因引蔽習染一端錯誤之圖

身喪國，皆非其愛之罪，誤愛之罪也，又不特不仁而已也。至於愛不獲宜而爲不義，愛無節文而爲無禮，愛昏其明而爲不智，皆一誤爲之也，固非仁之罪也，亦豈惻隱之罪哉？使篤愛於父母，則愛妻子非惡也；使篤愛於人，則愛物非惡也。如火烹炮，水滋潤，刀殺賊，何咎？或火灼人，水溺人，刀殺人，非火、水、刀之罪也，亦非其熱、寒、利之罪也；手持他人物，足行不正塗，非手足之罪也，亦非持行之罪也；耳聽邪聲，目視邪色，非耳目之罪也，亦非視聽之罪也，皆誤也，皆誤用其情也。誤始惡，不誤不惡也；引蔽始誤，不引蔽不誤也；習染始終誤，不習染不終誤也。去其引蔽習染者，則猶是愛之情也，猶是愛之才也，猶是用愛之人之氣質也。而惻其所當惻，隱其所當隱，仁之性復矣。義、禮、智猶是也。故曰"率性之謂道"也，故曰"道不遠人"也。程、朱惟見性善不真，反以氣質爲有惡而求變化之，是"戕賊人以爲仁義"，"遠人以爲道"矣。

然則氣質偏駁者，欲使私欲不能引染，如之何？惟在明明德而已。存養省察，磨勵乎《詩》、《書》之中，涵濡乎禮樂之場，周、孔教人之成法固在也。自治以此，治人即以此。使天下相習于善，而預遠其引蔽習染，所謂"以人治人"也。若靜坐闔眼，但可供精神短淺者一時之葆攝；訓詁著述，亦止許承接秦火者一時之補苴。如謂此爲主敬，此爲致知，此爲有功民物，僕則不敢爲諸先正黨也。故曰："欲粗之于周、孔之道者，大管小管也；欲精之于周、孔之道者，大佛小佛也。"

又如仁之勝者，愛用事，其事亦有別矣。如士、庶人、卿、大夫、諸侯、天子之愛親，見諸《孝經》者，仁之中也。有大夫而奉親如士庶者不及，士庶如大夫之奉親者過，而未失乎發之之正也。吾故曰，不中節亦非惡也。惟堂有父母而懷甘旨入私室，則惡矣；若甘旨進父母，何惡？室有妻媵而辱恩情於匪配，則惡矣；若恩情施妻媵，何惡？故吾嘗言，竹節或多或少皆善也；惟節外生蛀乃惡也。然竹之生蛀，能自主哉？人則明，德明而引蔽自不乘，故曰："先立乎其大者，則其小者不能奪也。"全體者爲全體之聖賢，偏勝者爲偏至之聖賢，下至椿津之友恭，牛弘之寬恕，皆不可謂非一節之聖。宋儒乃以偏爲惡；不知偏不引蔽，偏亦善也，未可以引蔽之偏誣偏也。木火一隅圖中，仁勝之説可玩也。

或疑仁勝而無義，則泛濫失宜，將愛父母如路人，對盜賊而欷歔，豈不成其不宜之惡乎？仁勝而無禮，則節文不敷，將養父母同犬馬，逾東家摟處子，豈不成其不檢之惡乎？仁勝而不智，則可否無辨，將從井救人，莫知子惡，豈不成其迷惑之惡乎？予以爲此必不知性者之言也。夫性，則必如吾前仁之一端之説，斷無天生之仁而有視父母如路人諸惡者。蓋本性之仁，必寓有義、禮、智，四德不相離也，但不盡如聖人之全，相濟如携耳。試觀天下雖甚和厚人，不能無所羞惡，無所辭讓，無所是非，但不如聖人之大中，相濟適當耳。其有愛父母同路人，對盜賊而欷歔等惡者，必其有所引蔽習染，而非赤子之仁也。禮、義、智，猶是也。熟閲《孟子》而盡其意，細觀赤子而得其情，則孔、孟之性旨明，而心性非精，氣質非粗。不惟氣質非吾性之累害，而且舍氣質無以存養心性，則吾所謂三事、六府、六德、六行、六藝之學是也。是明明德之學也，即謂爲變化氣質之功，亦無不可。有志者倘實以是爲學爲教，斯孔門之博文約禮，孟子之存心養性，乃再見於今日，而吾儒有學術，天下有治平，異端淨掃，復睹三代乾坤矣！

圖跋

嗟乎！性不可以言傳也，而可以圖寫乎？雖果見孔、孟所謂性，且不可言傳圖寫，而況下愚不足聞性道如僕者乎！但偶爾一綫悟機，似有仿佛乎方寸者，此或僕一人之所謂性，尚非孔、孟所謂性，未可知也。況僕所見尚有不能圖盡者乎！語云，理之不可見者，言以明之；言之不能盡者，圖以示之；圖之不能畫者，意以會之。吾願觀者尋其旨於圖間，會其意於圖外，假之以宣自心之性靈，因之以察僕心之愚見，庶不至以佛氏六賊之説誣吾才、情、氣質，或因此而實見孔、孟之所謂性，亦未可知也。若指某圈曰此性也，某畫曰此情也，某點曰此氣質也，某形勢曰此性、情、才質之皆善無惡也，則膠柱鼓瑟，而于七圖無往不扞格背戾，且于僕所謂一綫者而不可得，又安望由此以得孔、孟所謂性乎？恐此圖之爲性害，更有甚于宋儒之説者矣。

雖然，即使天下後世果各出其心意以會乎僕一綫之意，遂因以見乎孔、孟之意，猶非區區苦心之所望也。僕所望者，明乎孔、孟之性道，而荀、揚、周、程、張、朱、釋、老之性道可以不言也，明乎孔、孟之不欲言性道，而孔、孟之性道亦可以不言也，而性道始可明矣。

或曰：孔子罕言矣，孟子動言性善，何言乎不欲言也？曰：有告子二或人之性道，孟子不得已而言性善也，猶今日有荀、揚、佛、老、程、張之性道，吾不得已而言才、情、氣質之善也。試觀答告子諸人，但取足以折其詞而止，初未嘗言性善所由然之故，猶孔子之罕言也。宋人不解，而反譏其不備，誤矣。

或曰：吾儒不言性道，將何以體性道，盡性道？余曰：吾儒日言性道而天下不聞也，日體性道而天下相安也，日盡性道而天下相忘也。惟言乎性道之作用，則六德、六行、六藝也；惟體乎性道之功力，則習行乎六德、六行、六藝也；惟各究乎性道之事業，則在下者師若弟，在上者君臣及民，無不相化乎德與行藝，而此外無學教，無成平也。如上天不言，而時行物生，而聖人體天立教之意著矣，性情之本然見，氣質之能事畢矣，而吾之七圖亦可以焚矣。故是編後次之以《存學》、《存治》云。

附録同人語

上谷石卿張氏曰："性即是氣質底性，堯、舜底氣質便有堯、舜底性，呆獃底氣質便有呆獃的性，而究不可謂性惡。"

又曰："人性無二，不可從宋儒分天地之性、氣質之性。"

先生賜教，在未著存性前。惜當時方執程、朱之見，與之反覆辯難。及喪中悟性，始思先生言性真確，期服闋入郡相質，而先生竟捐館矣！嗚呼！安得復如先生者而與之言性哉！

督亢介祺王氏曰："氣質即是這身子。不成孩提之童性善，身子偏有不善。"

又曰："天生人來，渾脱是個善。"

又曰："氣質、天命，分二不得。"

書後

孟子曰性善，即魯《論》之"性相近"也，言本善也。晏子曰"汩俗移質，習染移性"，即魯《論》之"習相遠"也，言惡所由起也。後儒不解，忽曰氣質有惡，而性亂矣，聖賢之言背矣。先生辭而辯之，功豈在禹下哉？特先生性圖入"太極"、"五行"諸説，則于後儒誤論，當時尚有未盡洒者。塨後質先生曰："周子《太極圖》，真元品道家圖也。'《易》有太極兩儀'，指揲蓍言，非謂太極爲一物，而生天地萬物也。五行爲六府之五，乃流行於世以爲民物用者，故箕子論鯀罪曰'汩陳其五行'，非謂五行握自帝天而能生人生物也。生剋乃鄒衍以後方家粃説，聖經無有。"先生曰："然，吾將更之。"及先生卒後，披其編，則更者十七而未及卒業，于是承先生意，而湔洗之如右。

康熙乙酉三月上浣，蠡吾門人李塨書。①

① 李塨此篇"書後"，《恕谷後集》未收録。

存學編

序

予幼讀四書，惟知解字離句。稍長，略曉塗鴉，隨肆力於詩文。及弱冠，雖潛心經史，亦惟博覽強記是圖，忽忽焉若以爲爲學之道遂在是者。

乙丑歲，晤李子剛主，語予曰："子知讀書，未知爲學。夫讀書，非學也。今之讀書者，止以明虛理、記空言爲尚，精神因之而虧耗，歲月因之以消磨，至持身涉世則盲然。曾古聖之學而若此！古人之學，禮、樂、兵、農，可以修身，可以致用，經世濟民，皆在於斯，是所謂學也。書，取以考究乎此而已，專以誦讀爲務者，非學也，且以害學。"予幡然大呼，如醉而醒，如夢而覺。

李子復言："此學乃堯、舜、周、孔正傳，至後而晦。今倡而明之者，始自習齋顏先生。其議詳載於所著《存學編》，可觀也。"予心志之，屏去浮文，遂十餘年矣。

今歲丙子，李子至都，出是編以示予。予讀之，且歎且喜。以舉世之沉溺誦讀而不知返，而予得以屏去浮文而不墜迷途，其得力於習齋先生豈淺鮮哉！雖然，學者，實學也；是編所以明實學耳，猶空言也。吾黨若不盡力實學，而徒沾沾抱是編以爲得，吾恐浮文之士，且起而笑其同浴譏裸也。

康熙丙子一之日，北平後學郭金城拜撰。

序

客歲戊辰冬，習齋先生過塨陑陽寓里，指所著《存學編》曰：學明，性治俱明矣，子爲我訂而序之。受命訂訖，乃拜手而序曰：古之學一，而今之學棼；古之學實，而今之學虛；古之學有用，而今之學無用。今古不相及，何其甚也！古之爲學也，明德親民，止至善，爲學之之道；六德、六行、六藝，爲學之之物；八歲就小學，學小藝，履小節。束髮就大學，學大藝，履大節，爲學之之序；春秋禮樂，冬夏詩書，爲學之之時。治己則祥，治人則當，施之四海國家，天地位而萬物育，人多成材，而宇内治隆，有此術也。自秦火而后，訓詁於漢唐，帖括於宋明，徒守遺經以爲道，古聖教人成法，鮮過而問者；加之佛老乘間而起，以清淨虛無亂聖人之心性；詩文辭之輩，又假托文章以自鳴。儒者不能以全體大用廓清其間，從而爲其所雜。程、朱、陸、王皆志欲繼往開來，而支離近禪，互相譏訶，古學亦皆不能復。豈責人則明，自知則暗與？抑世運日趨於耗，而實學衰亡，賢者亦不能自主與？先生生宋明後，忽焉於二千年墜緒，一旦直指源流。嘗謂孔子删訂、孟子論性，爲大不得已。力求遺學，以習行爲主，冠、昏、喪、祭，必遵古制，率弟子習禮，習射，習書數樂，雖不得其全，得一節焉，即習置日記，以考道德行藝，得以自勉，失則誡焉。其卓然有得於學者,不惟存之空言,而且存之實事。嗚呼,二千年墜緒,劃然復舉,孰倡而孰使之耶?昔孟子陳學校遺法於周末,韓愈猶以爲制度滅亡,空言無補。況今去聖益遠,學者分騖於旁途曲徑,視古人教學成法如盤古大敦,莫可究詰。先生獨起而矯抗,足以一身之力任之,誠見見其孤且危而岌岌焉,難也。然而天下之事,極則必返,今之虚學無用亦已極矣,豈其不返矣乎?天心其能無意於世也乎?堯、舜、周、孔之靈肯漠然已乎?吾以知先生之生之非徒然也,其將自此學明,而士奮求實體、行實用,復古道以正今失,而上以是教,下以是學,天下皆學中人矣;參贊位育,皆學中事矣。學何如?其大而所關者,何如其鉅耶?吾以知先生之所著非徒然也。許西山先生嘗謂塨曰邵堯夫三千年圖,以幹枝配易卦,每九百六十年,甲子遇乾,大道以昌。向甲子遇乾矣,數若可信也,殆必在斯歟?殆必在斯歟?

康熙歲在己巳春月,蠡吾門人李塨頓首拜識。[①]

---

① 《畿輔叢書》本無此序;《顏李叢書》本(民國二十年北平四存學會鉛印本)亦未見此序;李塨《恕谷後集》未録。然馮辰纂、惲鶴生訂《李恕谷先生年譜》中有此序片段,文字略有差異,如"束髮就太學",《年譜》第 23 頁"大"作"太";"爲學之之序",《年譜》第 23 頁少一"之"字;"宇宙内治隆",《年譜》第 24 頁"治"作"郅";"佛老乘間而起",《年譜》第 24 頁"間"作"簡"。《李恕谷先生年譜》,《北京圖書館藏珍本年譜叢刊》本。光緒二十五年鈔本《存學編》此下有"存學編目"。"編目"中兩"辨"字,《畿輔叢書》本、《顏李叢書》本皆作"辯"。爲避免重複,現將該目保存於脚注:

存學編目

卷一 由道 總論諸儒講學 明親 上孫徵君先生書 上太倉陸桴亭書 學辨一 學辨二

卷二 性理評三十四條

卷三 性理評二十八條

卷四 性理評三十六條

卷一

博陵　顔元　著

由道

聖人學、教、治，皆一致也。“民可使由之，不可使知之”，是孔子明言千聖百王持世成法，守之則易簡而有功，失之徒繁難而寡效。故罕言命，自處也；性道不可得聞，教人也；立法魯民歌怨，爲治也。他如予欲無言、無行不與、莫我知諸章，何莫非此意哉？當時及門皆望孔子以言，孔子惟率之以下學而上達，非吝也，學、教之成法固如是也。

道不可以言傳也，言傳者有先於言者也，顔、曾守此不失。子思時，異端將盛，或亦逆知天地氣薄，自此將不生孔子其人，勢必失性、學、治本旨，不得已而作《中庸》，直指性天，已近太瀉。故孟子承之，教人必以規矩，引而不發，斷不爲拙工改廢繩墨。離婁方員、深造諸章，尤於先王成法致意焉。至宋而程、朱出，乃動談性命，相推發先儒所未發。以僕觀之，何曾出《中庸》分毫？但見支離分裂，參雜於釋、老，徒令異端輕視吾道耳。若是者何也？以程、朱失堯、舜以來學、教之成法也。何不觀精一之旨，惟舜、禹得聞，天下所可見者，命九官、十二牧所爲而已。陰陽秘旨，文、周寄之於《易》；天下所可見者，王政、制禮、作樂而已。一貫之道，惟曾、賜得聞；及門與天下所可見者，《詩》、《書》、六藝而已。烏得以天道性命常舉諸口而人人語之哉！

是以當日談天論性，聰明者如打諢猜拳，愚濁者如捉風聽夢，但彷佛口角，各自以爲孔、顔復出矣。至於靖康之際，户比肩摩皆主敬習静之人，而朝陛疆場無片籌寸績之士。朱子乃獨具隻眼，指其一二碩德，程子所許爲後身者，曰"此皆禪也"，而未知二程之所以教之者實近禪，故徒見其弊，無能易其轍。以致朱學之末流，猶之程學之末流矣，以致後世之程、朱，皆如程學、朱學之末流矣。長此不返，乾坤尚安賴哉！

或曰：佛氏托於明心見性，程、朱欲救人而擯之，不得不抉精奥以示人。余曰：噫！程子所見已稍浸入釋氏分界，故稱其"彌近理而太亂真"。若以不肖論之，只以君子之道四一節指示，雖釋迦惡魁，亦當垂頭下淚，并不必及性命以上也。然則如之何？曰：彼以其虚，我以其實。程、朱[1]惟當遠宗孔子，近師安定，以六德、六行、六藝及兵農、錢穀、水火、工虞之類教其門人，成就數十百通儒。朝廷大政，天下所不能辦，吾門人皆辦之；險重繁難，天下所不敢任，吾門人皆任之，吾道自尊顯，釋、老自消亡矣。

今彼以空言亂天下，吾亦以空言與之角，又不斬其根而反授之柄，我無以深服天下之心而鼓吾黨之氣，是以當日一出，徒以口舌致黨禍；流而後世，全以章句誤乾坤。上者只學先儒講著，稍涉文義，即欲承先啓後；下者但問朝廷科甲，才

① "朱"，原作"宗"，據《畿輔叢書》本、《顔李叢書》本改。

能揣摩，皆騖富貴利達。浮言之禍甚於焚坑，吾道何日再見其行哉？友人刁蒙吉翻孟子之言曰："著之而不行焉，察矣而不習焉，終身知之而不由其道者，衆也！"其所慨深矣。吾意上天仁愛，必將篤生聖哲，剗荆棘，而興堯、舜以來中庸之道，斷不忍終此元會，直如此而已也！

總論諸儒講學

僕妄謂性命之理不可講也，雖講，人亦不能聽也；雖聽，人亦不能醒也；雖醒，人亦不能行也。所可得而共講之，共醒之，共行之者，性命之作用，如《詩》、《書》、六藝而已。即《詩》、《書》、六藝，亦非徒列坐講聽，要惟一講即教習，習至難處來問，方再與講。講之功有限，習之功無已。孔子惟與弟子今日習禮，明日習射。問有可與言性命者，亦因其自悟已深，方與言，蓋性命，非可言傳也。不特不講而已也；雖有問，如子路問鬼神、生死，南宫适問禹、稷、羿、奡者，皆不與答。蓋能理會者渠自理會，不能者雖講亦無益。

自漢、唐諸儒傳經講誦，宋之周、程、張、朱、陸，遂群起角立，亟亟焉以講學爲事，至明，而薛、陳、王、馮因之，其一時發明吾道之功，可謂盛矣。其效使見知聞知者知尊慕孔、孟，善談名理，不作惡，不奉釋、老名號。即不肖如僕，亦沐澤中之一人矣。然世道之爲叔季自若也，生民之不治自若也，禮樂之不興自若也，異端之日昌而日熾自若也。以視夫孔子明道而亂臣賊子果懼，孟子明道而楊朱、墨翟果熄，何啻天淵之相懸也！

僕氣魄小，志氣卑，自揣在中人以下，不足與於斯道。惟願主盟儒壇者，遠溯孔、孟之功如彼，近察諸儒之效如此，而垂意於習之一字。使爲學爲教,用力於講讀者一二,加功於習行者八九,則生民幸甚,吾道幸甚！僕受諸儒生成覆載之恩,非敢入室操戈也。但以人之歲月精神有限,誦説中度一日,便習行中錯一日;紙墨上多一分,便身世上少一分。試觀朱子晚年悔枝葉之繁累,則禮樂未明,是在天者千古無窮之憾也。

明親

《大學》首四句,吾奉爲古聖真傳。所學無二理,亦無二事,只此仁義禮智之德,子臣弟友之行,《詩》、《書》、《禮》、《樂》之文,以之修身則爲明德,以之齊治則爲親民。明矣而未親,親矣而未止至善,吾不敢謂之道也;親矣而未明,明矣而未止至善,吾亦不敢謂之道也。親而未明者,即謂之親,非《大學》之親也;然既用其功於民,皆可曰親。其親而未明者,漢高帝與唐太宗之類也;其親且明而未止至善者,漢之孝文、光武之流也。凡如此者,皆宋明以來儒者所共見,皆謂之非道者也。其明而未親,明且親而未止至善者,則儒者未之言也。非不肯言也,非不敢言也,堯、舜不作,孔、孟不生,人無從證其爲道者。

一二聰明特傑者出,於道略有所見,粗有所行,遽自謂真孔、孟矣,一時共尊爲孔、孟焉,嗣起者以爲我苟得如先儒足矣。是以或學訓解纂集,或學静坐讀書,或學直捷頓悟,至所見所爲,能仿佛於前人而不大殊,則將就冒認,人已皆以爲大儒矣,可以承先啓後矣。或獨見歧異,恍惚道體,則輒稱發先儒所未發,得孔、顔樂處矣。又孰知其非《大學》之道乎！此所以皆未之言也。天下人未之言,數百年以來之人未之言,吾獨於程、朱、陸、王之外别有《大學》之道焉。豈不犯天下之惡，而受天下僇乎？然吾之所懼，有甚於此者，以爲真學不明，則生民將永被毒禍，而終此天地不得被吾道之澤；異端永爲鼎峙，而終此天地不能還三代之舊。是以冒死言之，望有志繼開者之一轉也。

夫明而未親即謂之明，非《大學》之明；然既用其功於德，皆可曰明。其明而未親者，莊周、陳摶之類也；其明且親而未止至善者，周、程、朱、陸、薛、王之儔也。何也？吾道有三盛：君臣於堯、舜，父子於文、周，師弟於孔、孟。堯、舜之治，即其學也，教也，其精一執中，一二人秘受而已。百官所奉行，天下所被澤者，如其命九官、十二牧所爲耳。禹之治水，非禹一身盡治天下之水，必天下士長於水學者分治之，而禹總其成；伯夷之司禮，非伯夷一身盡治天下之禮，必天下士長於禮學者分司之，而伯夷掌其成。推於九官、群牧咸若是，是以能平地成天也。文、周之治，亦即其學也，教也，其陰陽天人之旨，寄之於《易》而已。百官所奉行，天下所被澤者，如其治岐之政，制禮作樂耳。其進秀民而教之者，六德、六行、六藝仍本唐、虞敷教典樂之法，未之有改，是以太和宇宙也。孔、孟之學教，即其治也。孔子一貫性道之微，傳之顔、曾、端木而已。其當身之學，與教及門士以待後人私淑者，庸言庸德、禮兵樂農耳，[①]仍本諸唐、虞、成周之法，未之有改。故不惟期月、三年、五年、七年胸藏其具，而且小試於魯，三月大治，暫師於滕，四方歸之，單父、武城亦見分體，是以萬世永遵也。

秦漢以降，則著述講論之功多，而實學實教之力少。宋

---

① "禮、兵、樂、農"，原作"禮、樂、兵、農"，底本"樂、農"之間有互乙符號。後文出現"禮、樂、兵、農"。《顔李叢書》本作"兵、農、禮、樂"。

儒惟胡子立經義、治事齋，雖分析已差，而其事頗實矣；張子教人以禮，而期行井田，雖未舉用，而其志可尚矣。至於周子得二程而教之，二程得楊、謝、游、尹諸人而教之，朱子得蔡、黄、陳、徐諸人而教之，以主敬致知爲宗旨，以靜坐讀書爲工夫，以講論性命、天人爲喫受，以釋經注傳、纂集書史爲事業。嗣之者若真西山、許魯齋、薛敬軒、高梁溪，性地各有靜功，皆能著書立言，爲一世宗。信乎爲儒者，煌煌大觀，三代後所難得者矣！而問其學其教如命九官、十二牧之所爲者乎？如《周禮》教民之禮明樂備者乎？如身教三千，今日習禮，明日習射，教人必以規矩，引而不發，不爲拙工改廢繩墨者乎？此所以自謂得孔子真傳，天下後世亦皆以真傳歸之，而卒不能服陸、王之心者，原以表裏精粗，全體大用，誠不能無歉也。

陸子分析義利，聽者垂泣，先立其大，通體宇宙，見者無不竦動。王子以致良知爲宗旨，以爲善去惡爲格物，無事則閉目靜坐，遇事則知行合一。嗣之者若王心齋、羅念庵、鹿太常，皆自以爲接孟子之傳，而稱直捷頓悟，當時後世亦皆以孟子目之。信乎其爲儒中豪傑，三代後所罕見者矣！而問其學其教如命九官、十二牧之所爲者乎？如周禮教民之禮明樂備者乎？如身教三千，今日習禮，明日習射，教人必以規矩，引而不發，不爲拙工改廢繩墨者乎？此所以自謂得孟子之傳，與程、朱之學并行中國，而卒不能服朱、許、薛、高之心者，原以表裏精粗，全體大用，誠不能無歉也。

他不具論，即如朱、陸兩先生，倘有一人守孔子下學之成法，而身習夫禮、樂、射、御、書、數以及兵農、錢穀、水火、工虞之屬而精之。凡弟子從游者，則令某也學禮，某也學樂，某也兵農，某也水火，某也兼數藝，某也尤精幾藝，則及門皆通儒，進退周旋無非性命也，聲音度數無非涵養也，政事文學同歸也，人己事物一致也，所謂下學而上達也，合内外之道也。如此，不惟必有一人虚心以相下，而且君相必實得其用，天下必實被其澤，人才既興，王道次舉，異端可靖，太平可期。正《書》所謂府脩事和，爲吾儒致中和之實地，位育之功，出處皆得致者也。是謂明親一理，大學之道也。以此言學，則與異端判若天淵而不可混，曲學望洋浩歎而不敢擬，清談之士不得假魚目之珠，文字之流不得逞春華之艷。惟其不出於此，故既卑漢、唐之訓詁而復事訓詁，斥佛、老之虚無而終蹈虚無，以致紙上之性天愈透，而學陸者進支離之譏，非譏也，誠支離也；心頭之覺悟愈捷，而宗朱者供近禪之誚，非誚也，誠近禪也。

或曰：諸儒勿論，陽明破賊建功，可謂體用兼全，又何弊乎？余曰：不但陽明，朱門不有蔡氏言樂乎？朱子常平倉制與在朝風度，不皆有可觀乎？但是天資高，隨事就功，非全副力量，如周公、孔子專以是學，專以是教，專以是治也。或曰：新建當日韜略，何以知其不以爲學教者？余曰：孔子嘗言："二三子有志於禮者，其如赤乎學之。"①如某可治賦，某可爲宰，某達某藝，弟子身通六藝者七十二人，王門無此。且其擒宸濠，破桶崗，所共事者皆當時官吏、偏將、參謀，弟子皆不與焉。其全書所載，皆其門人旁觀贊服之筆，則可知其非素以是立學教也。

是以感孫徵君知《統録説》有"陸、王效諍論於紫陽"之

---

① 此語原作："二三子之欲學賓客之禮者，其於赤也。"見《孔子家語》卷三，《四部叢刊初編》本（據明覆宋刻本影印）。

語，而敢出狂愚，少抑後二千年周、程、朱、陸、薛、王諸先生之學，而伸前二千年堯、舜、禹、湯、文、武、周、孔、孟諸先聖之道，亦竊附效諍論之義。而願持道統者，其深思熟計，而决復孔、孟以前之成法，勿執平生已成之見解而不肯舍，勿拘平日已高之門面而不肯降，以誤天下後世，可也。

上徵君孫鍾元先生書

某髪未燥，已聞容城孫先生名，然第知清節耳。弱冠前爲俗學，枉度歲月，懵懵不知道爲何物。自順治乙未，頗厭八股習，稍閲《通鑑》、《性理》、諸儒語録，乃知世間有理學一脉。已亥在易水，得交高弟五脩，乃又知先生不止以節著，連年來與高弟介祺尤屬莫逆。德篤旋容時，已禀老親，同王法乾裹裝出門，將進叩，老親復以滂後不諳路，恐遭楊子之悲，阻之，逾年則聞復南矣。恭祝綾詞，蒙介翁不外，玷賤名其末。迨讀先生《歲寒居文集》寄介翁札，不知過聽何人之言而儕之郡賢列，見之不勝惶愧！今在天地間已三十有六，德不加修，學不加進，曾不得大君子一提指之，每一念及，恨不身飛共城旁。兹先大母去世，服闋矣。幸大父猶康健，欲曲求俞允，今歲中一炙道範，未審得遂否也。敝庠耿師，東郡人也，以告休南歸，去先生七十里，敢以便略吐愚衷於門下。

某静中猛思，宋儒發明氣質之性，似不及孟子之言性善最真。變化氣質之惡，三代聖人全未道及。將天生一副作聖全體，參雜以習染，謂之有惡，未免不使人去其本無，而使人憎其本有，蒙晦先聖盡性之旨，而授世間無志人以口柄。又思周公、孔子教人以禮、樂、射、御、書、數，故曰“以三物教萬民而賓興之”，故曰“身通六藝者七十二人”。故性道不可聞，而某長治賦、某長禮樂、某長足民，一如唐、虞之廷某農、某刑、某禮、某樂之舊，未之有爽也。近世言學者，心性之外無餘理，静敬之外無餘功。細考其氣象，疑與孔門若不相似然。即有談經濟者，亦不過説場話、著種書而已。

某不自揣，撰有《存性》、《存學》二編，欲得先生一是之，以挽天下之士習，而復孔門之舊。以先生之德望卜之，當易如反掌，則孟子不得專美於前矣。論今天下朱、陸兩派互相爭辯，先生高見，平和勸解之不暇，豈可又增一爭端也？但某殊切杞人之憂，以爲雖使朱學勝陸而獨行於天下，或陸學勝朱而獨行於天下，或和解成功，朱、陸合一，同行於天下，則終此乾坤亦只爲當時兩宋之世，終此儒運亦只如説話著書之道學而已，豈不堪爲聖道生民長歎息乎？粗陳一二，望先生静眼一辨，及時發明前二千年之故道，以易後二千年之新轍，則斯道幸甚，斯民幸甚！臨楮南望，不勝想慕戰懼交集之至。某再拜言。

上太倉陸桴亭先生書

某聞氣機消長者否泰，①天地有不能自主，理數使然也；方其消極而長，否極而泰，天地必生一人以主之，亦理數使然也。然粤稽孔、孟以前，天地所生以主此氣機者，率皆實文、實行、實體、實用，卒爲天地造實績，而民以安，物以阜。雖不幸而君相之人竟爲布衣，亦必終身盡力於文、行、體、用之實，斷不敢以不堯舜、不禹皋者，苟且於一時，虚浮之局，高談袖

① “某聞氣機消長者否泰”，《顏李叢書》本同；《畿輔叢書》本作“某聞氣機消長，否泰剥復”。

手，而委此氣數，置此民物，聽此天地於不可知也；亦必終身窮究於文、行、體、用之實，斷不敢以惑異端、背先哲者，肆口於百喙爭鳴之日，著書立説，而誤此氣數，壞此民物，負此天地於不可爲也。

自漢、晋泛濫於章句，不知章句所以傳聖賢之道，而非聖賢之道也；競尚乎清談，不知清談所以闡聖賢之學，而非聖賢之學也。因之虚浮日盛，而堯、舜三事、六府之道，周公、孔子六德、六行、六藝之學，所以實位天地、實育萬物者，幾不見於乾坤中矣。迨於佛、老昌熾，或取天地萬物而盡空之，一歸於寂滅；或取天地萬物而盡無之，一歸於升脱。莫謂日月、星辰、山川、草木、鳥獸、虫魚、人倫、世故舉爲道外，並己身之耳、目、口、鼻、四肢皆視爲累碍贅餘矣，哀哉！倘於此有堯、舜、周、孔，固必回消爲長，轉否爲泰矣；即不然，或如端、言、卜、仲、二冉之流，亦庶幾衍道脉於不墜，續真宗於不差，而長泰終有日也。奈何趙氏運中，紛紛躋孔子廟庭者，皆修輯注解之士，猶然章句也；皆高坐講論之人，猶然清談也。甚至言孝、弟、忠、信如何教，氣禀本有惡，其與老氏以禮義爲忠信之薄，佛氏以耳、目、口、鼻爲六賊者，相去幾何也！

故僕妄論宋儒，謂是集漢晋、釋、老之大成者則可，謂是堯、舜、周、孔之正派則不可。然宋儒，今之堯、舜、周、孔也。韓愈闢佛，幾至殺身，況敢議今世之堯、舜、周、孔者乎？季友著書駁程、朱之説，發州決杖，況敢議及宋儒之學術、品詣者乎？此言一出，身命之虞所必至也。然懼一身之禍而不言，委氣數于終誤，置民物於終壞，聽天地於終負，恐結舌安坐，不援溝瀆，與強暴、横逆内人於溝瀆者，其忍心害理不甚相遠也。

某爲此懼,著《存學》一編,申明堯、舜、周、孔三事、六府、六德、六行、六藝之道,大旨明道不在《詩》《書》章句,學不在穎悟誦讀,而期如孔門博文、約禮,身實學之,身實習之,終身不懈者。著《存性》一編,大旨明理、氣俱是天道,形、性俱是天命,人之性命、氣質雖各有差等,而俱是此善;氣質正性命之作用,而不可謂有惡,其所謂惡者,乃由"引、蔽、習、染"四字爲之祟者也。期使人知爲絲毫之惡,皆自玷其光瑩之本體,極神聖之善,始自充其固有之形骸。

但孔、孟没後二千年無人道此理,而某獨異,又惴惴焉,恐涉偏私自是,誹謗先儒;將舍所見,以苟就近世之學,而仰觀三代聖賢又不如此。二念交鬱,罔所取正。一日游祁,在故友刁文孝座,聞先生有佳録,復明孔子六藝之學,門人姜姓在州守幕實笥之,歡然如久旱之聞雷,甚渴之聞溪,恨不即沐甘霖而飲甘泉也。曲致三四,曾不得出。然亦幸三千里外有主張此學者矣,猶未知論性之相同也。既而刁翁出南方諸儒手書,有云:"此間有桴亭者,才爲有用之才,學爲有用之學,但把氣質許多駁惡雜入天命,説一般是善,其《性善圖説》中,有'人之性善正在氣質,氣質之外無性'等語;殊新奇駭人!"乃知先生不惟得孔、孟學宗,兼悟孔、孟性旨,已先得我心矣。當今之時,承儒道嫡派者,非先生其誰乎!所恨家貧親老,不得操杖親炙,進身門下之末。兹乘彭使之便,奉尺楮請教,祈以所著並高弟孰長禮、樂,孰長射、書,孰爲體用兼優,不惜示下,使聾瞽之子得有所景仰尊奉。倘有寸進,真一時千載也!山河隔越,不能多寄,僅以《性》、《學》編各一紙,日記第十卷中摘一頁呈正,不勝南望愷切想慕之至!

學辯一

性亦須有辯，因吾友法乾王子一言，徹底無纖毫齟齬，莫不有能發吾意者，遂有待。今《存學》之説，將偕吾黨身習而實踐之，易静坐用口耳之習，爲手足頻拮据之業，非存性空談之比。雖賢者不能無顧惜故窠、憚於變革之意，幸相與辯難，不厭反復。予撮其大略如左，病中亦多遺脱。①

己酉十一月二十六日，予抱病，復患足瘡，不能赴學，惟坐卧榻，謄《存學》稿。聞王子來會，乃強步出齋，出所謄以質王子。甫閲一葉，遽置之几，盛爲多讀書之辯。

予曰："人之精神無多，恐誦讀消耗，無歲月作實功也。倘禮樂嫻習，但略閲經書數本，亦自足否？"王子曰："誦讀不多，出門不能引經據傳，何以服人？"予曰："堯、舜諸聖人所據何書？且經傳，施行之證佐；全不施行，雖證佐紛紛，亦奚以爲？今《存學》之意若行，無論朝廷、宗廟，即明倫堂上，亦將問孰嫻周旋，孰諳絲竹，孰射賢，孰算勝，非猶是稱章比句之乾坤矣。且吾儕自視雖陋，倘置身朝堂，但憂無措置耳，引經據傳，非所憂也。"王子曰："射御之類，有司事，不足學。須當如三公坐論。"予曰："人皆三公，孰爲有司？學，正是學作有司耳。辟之於醫，《黄帝素問》、《金匱》、《玉函》，所以明醫理也，而療疾救世，則必診脉、製藥、針灸、摩砭爲之力也。今有妄人者，止務覽醫書千百卷，熟讀詳説，以爲予國手矣，視診

① "病中亦多有遺脱"句後，《顔李叢書》本有"不能盡述也"。

脉、製藥、針灸、摩砭以爲術家之粗，不足學也。書日博，識日精，一人倡之，舉世效之，岐、黄盈天下，而天下之人病相枕、死相接也，可謂明醫乎？愚以爲從事方脉、藥餌、針灸、摩砭，療疾救世者，所以爲醫也，讀書取以明此也。若讀盡醫書而鄙視方脉、藥餌、針灸、摩砭，妄人也，不惟非岐、黄，並非醫也，尚不如習一科、驗一方者之爲醫也。讀盡天下書而不習行六府、六藝，文人也，非儒也，尚不如行一節、精一藝者之爲儒也。

王子曰："棟梁材自別，豈必爲樸樕哉？"予曰："棟梁亦自拱把尺寸長成，成時亦有皮幹枝葉。世豈有渾成棟梁哉？"王子曰："藝學到精熟後，自見上面。幼學豈能有所見？"余曰："幼學但使習之耳。必欲渠見，何爲哉？"王子曰："不見上面，何與心性？"余曰："不然。即如夫子使闕黨童子將命，使之觀賓主接見之禮，有下於夫子客至，則見客求教尊長悚敬氣象；有班於夫子或尊於夫子客至，則見夫子温、良、恭、儉、讓，侃侃、誾誾氣象。此是治童子耳目乎，治童子心性乎？故六藝之學，不待後日融會一片，乃自童齠即身心、道藝一致加功也。且既令渠習見無限和敬詳密之理，豈得謂無所見！但隨所至爲淺深耳。講家解一貫章，有謂曾子平日用功皆是貫中之一，今日夫子教以從一而貫。夫用功於貫中之一，是夫子所以教三千人者也，豈得曰'六藝非心性'也？"

王子曰："禮樂自宜學，射御粗下人事。"余曰："賢者但美禮樂名目，遂謂宜學，亦未必見到宜學處也；若見到，自不分精粗。喜精惡粗，是後世所以誤蒼生也。"王子曰："第見不足爲，若爲，自是易事。"余曰："此正夫子所謂'智者過之'。且昔朱子謂'要補填，實地難'，今賢弟又謂'是易'。要之，非主難,亦非主易,總是要斷送實學,不去爲耳!”[①]王子大笑。予曰:“李晦翁年逾五旬,勤力下學,日與弟子拈矢彎弓,甚可欽也!”王子曰:“晦夫叔嘗言:‘射爲男子事,何可不習!’”余曰:“宋、元來儒者卻習成婦女態,甚可羞。無事袖手談心性,臨危一死報君王,即爲上品矣。豈若真學一復,户有經濟,使乾坤中永享治安之澤乎!”王子曰:“六藝之學,誠有功於乾坤。”予曰:“不但爾也。子産云,歷事久,取精多,則魂魄強。今于禮樂、兵農無不嫻,即終身莫之用而没,以體用兼全之氣還於天地,是謂盡人道而死,故君子曰終。故曰學者,學成其人而已,非外求也。”王子又笑。

予曰:“此學終無行日矣。以賢弟之有志,且深信予,又入朱學未深,似無可戀惜,而猶難挽回如此,況彼已立崖岸者乎!”因復取首數篇進曰:“幸終觀之!”王子閱畢,喟然曰:“孔子是教天下人爲臣爲子,若都袖手高坐作君父,天下事叫誰辦哉!”撫卷歎息久之。余曰:“某即就‘三存編’,以爲天生某,使復明此學而已,非身見之材也。欲進之孫徵君,借以回天下。”王子曰:“人自爲耳。何必伊?”予曰:“天生材自别。伊尹聖之任,夏季之民如在水火,何不出而延攬豪傑,自爲奉天救民之舉,必待成湯之三聘乎?張良志復韓仇,亦嘗聚衆百餘,何不決於自爲而終屬沛然乎?蓋天生王者,其氣爲主持世統之氣,乃足繫屬天下,非其人不與也。儒者教世,何獨不然?是其人也,天下附之;非其人也,學即過人,而師宗不立。如龍所至則氣聚成雲,否則不可強也,況愚之庸陋不足數者乎!自料只可作名教中一董三老耳。”王子辭行。

---

① “要補填,實地難”,原作“要填補,實是難”。見《朱子語類》卷七,第135頁。

越十日，予病痊，往會王子。[1]因論：“風言復閏十二月，有諸？”王子曰：“此間亦頗聞。”予曰：“噫！豈非學術不明，吾儒悮於空言，無能定國是者乎！使吾黨習諳曆象，何以狐疑如此！”因言帝堯命羲和，教以欽天授時及考驗推步之法，堯蓋極精於曆。因言帝王設官分職，未有不授以成法者。堯命司徒，授以匡、直、勞、來等法，舜命士師，授以五刑、五服、五流、五宅等法，命典樂，授以直温、寬栗等理及依永和聲、無相奪倫等法，成王置農官，授以錢鎛、銍艾、耕耨等法。觀命官之典，鼇成之詩，是君父亦未有不知六府、六藝之學者，則袖手高坐，徒事誦讀，固非所以爲臣子，亦豈所以作君父哉？

學辯二

又越旬，王子來會，復曰：“周公制禮作樂，且以文、武之聖開之，成、康之賢繼之，太、召、君陳輩左右之，亦不百年而穆王亂；迨東遷而周不可問矣。漢、唐、宋、明不拘古法，亦定數百年之天下，何歉於三代哉？”予曰：“漢唐後之治道，較之三代，蓋星淵不可語也，吾弟未之思耳。吾弟但見穆、平之衰而未實按其列國情勢民風也。吾兹不與賢弟論三代盛時。且以春秋之末，其爲周七百年矣，只義姑存魯、展禽拒齊二事，風俗之美，人材之盛，魯固可尚也；齊乃以婦人而旋師，聞先王命而罷戰。[2]由此以思，當日風俗人心，豈漢、唐後所可仿佛哉？”

王子曰：“終見藝學粗，奈何？”[3]予曰：“此乃不知止耳。

---

① “往”，原作“住”，據《畿輔叢書》本、《顔李叢書》本改。
② “王”，原作“生”，據《畿輔叢書》本、《顔李叢書》本改。
③ “藝”，原作“義”，據《畿輔叢書》本、《顔李叢書》本改。

觀《大學》言明親即言止至善，見道爲粗，是不知至善之止也。故曰'知止而后有定'。"王子乃歡忻鼓舞曰："昨子産一段，已深悚我心。自今日當務精此學，更無疑矣。"因述乃父命計田數不清。予曰："計畝，人以爲瑣事矣。然父命而不清，非不能爲子之一乎？"王子曰："無大無小，無不習熟，固也。弟昨言棟梁材，兄不以爲然。恐天下自有可大不可小之材，如龐士元非百里材，曾子教孟敬子持大體，非乎？"予曰："孔子乘田、委吏，無不可爲。若位不稱材，便酣惰廢事，此自豪士之態，非君子之常也。孟敬子當時已與魯政，乃好理瑣小，故曾子教以所貴道者三，豈可以此言便謂籩豆之事不宜學乎！況當時學術未失，家臣庶士無不能理事者，第憂世胄驕浮，不能持大體耳。能持大體，凡事自可就也。"

王子曰："博學乃古人第一義。《易》云'多識前言往行以蓄德'，子路曰'何必讀書然後爲學'，可見古人讀書，誦讀亦何可全廢？"予曰："周公之法，春秋教以《禮》、《樂》，冬夏教以《詩》、《書》。豈可全不讀書？但古人是讀之以爲學，如讀琴譜以學琴，讀《禮經》以學禮。博學之，是學六府、六德、六行、六藝之事也。只以多讀書爲博學，是第一義已誤，又何暇計問、思、辯、行也？"王子行。

越一日，予過其齋。王子曰："連日思樂能滌人滓渣。只靜敬以求懲忿窒欲，便覺忿欲全無，不時卻又發動；不如心比聲律，私欲自化也。"余曰："噫，得之矣！某謂心上思過，口上講過，書上見過，都不得力，臨事時依舊是所習者出，正此意也。夫禮樂，君子所以交天地萬物者也，位育著落，端在於此。古人制舞而民腫消，造琴而陰風至，可深思也。"

王子又問："道問學之功，即六藝乎？"予曰："然。"又問：

“如何是尊德性?”予未答。又問:“如何是中人以上可以語上也?”蓋因程、朱好語上,王子欲證語上之爲是也。予曰:“離下無上。明德,親民,尊德性,道問學,只是此事,語上人皆上,語下人皆下。如洒掃應對,下也,若以語上人,便見出敬;弦指徽律,下也,若以語上人,便見出和。某昨童子將命一段,正是道藝一致,耳目性情一滚做也。”王子憮然曰:“至言!”予曰:“此亦就賢弟之問爲言耳。其實上有上,下有下,上下精粗皆盡力求全,是謂聖學之極致矣。不及此者,寧爲一端一節之實,無爲全體大用之虚。如六藝不能兼,終身止精一藝可也;如一藝不能全,數人共學一藝,如習禮者某冠昏、某喪祭、某宗廟、某會同,亦可也。夫吾輩資質,未必是中人以上,而從程、朱倒學,先見上面,必視下學爲粗,不肯用力矣。”王子曰:“‘下學而上達’,孔子定法,烏容紊乎哉!”

卷二

博陵　顔元　著

性理評

程子曰："邢明叔明辯有才氣，其於世務練習，蓋美才也。晚溺於佛，所謂'日月至焉而已'者，豈不惜哉？"①

朱子云："程子死後，其高弟皆流於禪。"豈知程子在時已如此乎！蓋吾儒起手便與禪異者，正在徹始徹終總是體用一致耳。故童子便令學樂舞勺。夫勺之義大矣，豈童子所宜歌？聖人若曰，自洒掃應對以至參贊化育，固無高奇理，亦無卑瑣事。故上智如顔、貢，自幼爲之，不厭淺而叛道；粗疏如陳亢，終身習之，亦不至畏其難而廢學。今明叔才氣明辯，練達世務，誠爲美才。但因程子不以六藝爲教，初時既不能令明叔認取其練習世務莫非心性，後又無由進於位育寔具，不

---

① "辯"，原作"辨"；"晚溺"前脱"其學"；"惜"前脱"可"。見《二程粹言》卷下，《四庫提要著録叢書》本（據康熙石門吕氏刻《二程全書》本影印），第93—94頁。

見儒道結果。回視所長者不足戀，前望所求者無所得，便覺無意味，無來由，烏得不莫之禦而入於禪也！猶吾所謂明帝之好佛，非明帝之罪，而李躬、桓榮之罪也。

夫"日月至焉"，乃吾夫子論諸賢不能純仁分寸也。當時曾子、子貢之流，俱在其中。乃以比明叔之溺佛、程子不亦易言乎！

明道謂謝顯道曰："爾輩在此相從，只是學某言語，故其學，心與口不相應。盍若行之！"請問焉。曰："且靜坐。"伊川每見人靜坐，便歎其善學。

因先生只説話，故弟子只學説話，心口且不相應，況身乎，況家國天下乎！措之事業，其不相應者多矣。吾嘗談天道、性命，若無甚扞格，一著手算九九數輒差。王子講冠禮若甚易，一習初祝便差。以此知心中醒，口中説，紙上作，不從身上習過，皆無用也。責及門不行，彼既請問，正好教之習禮習樂，却只云"且静坐"。二程亦復如是，噫！雖曰不禪，吾不信也。

武夷胡氏曰："龜山天資夷曠，濟以問學，充養有道，德器早成。積于中者，純粹而宏深；見于外者，簡易而平淡。閒居和樂，色笑可親；臨事裁處，不動聲色。與之游者，雖群居終日，嗒然不語，飲人以和，而鄙吝之態自不形也。推本孟子性善之説，發明《中庸》、《大學》之道。有欲知方者，爲指其攸趨，無所隱也。當時公卿大夫之賢者，莫不尊信之。"又曰："先生造養深遠，燭理甚明，混迹同塵，知之者鮮。行年八十，志氣未衰，精力少年殆不能及。朝廷方向意儒學，日新聖德，延禮此老，置之經筵，朝夕咨訪，裨補必多。至如裁決危疑，經理世務，若燭照數計而龜卜也！"①

無論其他，只"積於中者純粹而宏深"一語，非大賢以上能之乎？其中之果純粹與否，宏深與否，非僕所知。然朱子則已譏其入於禪矣，禪則必不能純粹宏深；純粹宏深則必不禪也。至混迹同塵氣象，五經、《論》、《孟》中未之見。非孟子所謂同流合污者乎？充此局以想，夷曠、簡易、平淡、和樂、可親諸語，恐或皆孟子所狀鄉原光景也。

陳氏淵曰："伊川自涪歸，見學者凋落，多從佛教，獨龜山先生與謝丈不變。因歎曰：'學者皆流于異端矣，惟有楊、謝二君長進。'"②

嘗觀孔子没，弟子如喪父母，哀慟無以加矣；又爲之備禮營葬，送終無以加矣；又皆廬其墓三年，惓戀無以加矣；餘情復見于同門友之不忍離，相向而哭皆失聲。其師弟情之篤而義之重，蓋如此也。迄後有宋程、朱兩門，以師弟著于乾坤，不惟自任以爲真繼孔子之統，雖當時及門亦以爲今之孔子

① "宏"，原作"閎"；"趨"，原作"趣"。見胡廣《新刻性理大全書》卷四十"諸儒二"，清博覽軒刻本。

② "佛教"，原作"佛學"；"龜山"二字，衍；"異端"，原作"夷狄"。此語在《二程外書》卷十二，後有小字注："右四條見《龜山語録》。"此語似出自楊時之口，而真德秀《讀書記》卷三十一録此語，亦作"楊時曰"。而此語與明姚舜牧《性理指歸》卷三所録完全相同，《續修四庫全書》本（據明萬曆三十八年刻清順治十三年重修本影印），第 29 頁。

矣，後世景仰亦謂庶幾孔門時師弟矣。而其殁也，不過一祭一贊，他無聞焉。僕存此疑於心久矣，亦謂生榮死哀之狀必别有記載，寡陋未之見耳。殊不意伊川生時，及門已如此其相負也。涪之别也，日月幾何，而遽學者凋落，相率而從於佛也。又孰知所稱楊、謝不變者，下梢亦流於禪也。然則真承程子之統者誰也？非因二程失古聖教人成法，空言相結之不固，不如實學之相交者深乎！抑程門弟子之從佛，或亦其師夙昔之爲教者去佛不遠也。而程子闢佛之言曰："彌近理而大亂真。"愚以爲非佛之近理，乃程子之理近佛也。試觀佛氏之教，與吾儒之理，遠若天淵，判若黑白，反若冰炭，其不相望也，如適燕適越之異其轅，安在其彌近理也！孟子曰："治人不治，反其智。"伊川於此徒歎學者之流於異端，而不知由己失孔子之教，亦欠自反矣。

問："龜山晚年出，是不可曉。其召也以蔡京，然則朝亦無大建白。"朱子曰："以今觀之，則可以追咎當時無大建白。若自己處之，不知當時所當建白者何事？"或云："不過擇將相爲急。"曰："也是好説擇將相固是急，然不知當時有甚人可做。當時將只説种師道，相只説李伯紀，然固皆嘗用之矣。又況自家言之，彼亦未必見聽，據當時事勢亦無可爲者，不知有大聖賢之材何如耳。"①

當時所稱大儒如龜山者，既自無將相材，又無所保舉。

---

① "晚年出"，原作"晚年出處"；"是"字，衍；"然則朝亦無大建白"，原作"然在朝廷亦無大建明"；"建白"，原作"建明"；"朱子"二字，衍；"自己"，原作"自家"；"當時所"，原作"當時所以"；"也是"，原作"也只"；"未必"，原作"未便"；"何如耳"，原作"如何耳。"見《朱子語類》卷一百一，第386頁。

異世後追論，亦無可信之人，不過种、李二公而已。然則周、程、張、邵棺木尚新，其所成之人材皆安在哉？世有但能談天説性，講學著書，而不可爲將相之聖賢乎！

或言“擇將相爲急”，何不曰“當時龜山便是好將相，惜未信用”，乃但云“也只好説擇將相”，蓋身分亦有所不容誣也。噫！儒者不能將，不能相，只會擇將相，將相皆令何人做乎？末又云“當時事勢亦無可爲者，不知有大聖賢之材何如耳”。是明將經濟時勢讓與聖賢做，尚得謂之道學乎？至於李公字行，种公名呼，此朱子重文輕武不自覺處。其遺風至今日，衣冠之士羞與武夫齒，秀才挾弓矢出，鄉人皆驚，甚至子弟騎射武裝，父兄便以不才目之。長此不返，四海潰弱，何有已時乎？獨不觀孔門無事之時，弓矢、劍佩不去於身也，武舞、干戚不離於學也！身爲司寇，墮三都，會夾谷，無不尚武事也。子路戰於衛，冉、樊戰於齊，其餘諸賢氣象皆可想也。學喪道晦，至此甚矣！孔門實學，亦可以復矣！

問："龜山當時何意出來?"曰"龜山做人也苟且，是時未免禄仕，故亂就之"云云。問："或者疑龜山爲無補於世，徒爾紛紛。或以爲大賢出處不可以此議，如何?"曰："龜山此行固是有病，但只後人又何曾夢到他地位在！惟胡文定以柳下惠'援而止之而止'比之，極好。"①

余嘗謂宋儒是理學之時文也。看朱子前面説“龜山做人

① “故亂就之”，原作“故胡亂就之”；“爲無補”前脱“此出”；“於世”，原作“於事”。此節原爲兩則語録，“云云”前一則見《朱子語類》卷一百一，第386頁；后一則見第388頁。

苟且，未免禄仕，故亂就之”，此三語抑楊氏於鄉黨自好者以下矣。後面或人説“大賢出處不可議”，又引胡氏之言比之柳下惠，且曰“極好”，又何遽推之以聖人哉？蓋講學先生只好説體面話，非如三代聖賢，一身之出處，一言之抑揚，皆有定見。龜山之就召也，正如燕雀處堂，全不見汴京亡，徽、欽虜；直待梁折棟焚而後知金人之入宋也。朱子之論龜山，正如戲局斷獄，亦不管聖賢成法，只是隨口臧否。駁倒龜山以伸吾識，可也；救出龜山，以全講學體面，亦可也。

上蔡爲人英果明決，強力不倦，克己復禮，日有課程。所著《論語説》及門人所記遺語，行於世。

要推尊上蔡，便言其“克己復禮，日有課程”，後面要説程門諸人見皆不親切之故，又言是“無頭無尾，不曾盡心”，毋乃自相矛盾乎？此處殊令人疑。

上蔡直指窮理居敬爲入德之門，最得明道教人之綱領。①

朱子稱“上蔡直指窮理居敬爲入德之門，最得明道教人綱領”，僕以爲此四字正諸先生所以自欺而自悞者也。何也？“窮理居敬”四字，以文觀之甚美，以實考之，則以讀書爲窮理功力，以恍惚道體爲窮理精妙，以講解著述爲窮理事業，儼然静坐爲居敬容貌，主一無適爲居敬工夫，舒徐安重爲居敬作用。觀世人之醉生夢死，奔忙放蕩者，誠可謂大儒氣象矣；但

① 此語原作：“直指窮理居敬爲入德之門，則於夫子教人之法，又最爲得其綱領。”見《晦庵先生朱文公文集》卷八十，《德安府應城縣上蔡謝先生祠紀》，《四庫提要著録叢書》集部第246册，第363頁。

觀之孔門，則以讀書爲致知中之一事。且書亦非徒佔畢讀之也，曰"爲《周南》、《召南》"，曰"學《詩》"、"學《禮》"，曰"學《易》"、"執《禮》"，是讀之而即行之也。曰"博學於文"，蓋《詩》、《書》六藝以及兵農、水火在天地間燦著者，皆文也，皆所當學之也。曰"約之以禮"，蓋冠昏、喪祭、宗廟、會同以及升降周旋，衣服飲食，莫不有禮也，莫非約我者也。凡理必求精熟之至，是謂"窮理"；凡事必求謹慎之周，是謂"居敬"。上蔡雖賢，恐其未得此綱領也。不然，豈有"居敬窮理"之人而流入於禪者哉！

明道以上蔡誦讀多記爲玩物喪志，蓋謂其意不是理會道理，只是誇多鬭靡爲能。若明道看史不差一字，則意思自別。此正爲己爲人之分。①

謝良佐記問甚博，明道謂之曰："賢却記得許多，可謂玩物喪志。"良佐身汗面赤。明道曰："此便是惻隱之心。"可見大程學教猶不靠定書本。僕掀閱至此，悚然起敬，以爲此正明道優于伊川、紫陽處，又未嘗不愛謝公之有志也。使朱子讀此亦爲之汗身赤面則善矣；乃曲爲之説，謂渠是誇多鬭靡，不是理會道理，又引程子看史事證之，總是不欲説壞記誦一道，恐於己讀盡天下書之志有妨也。不知道理不專在書本上理會；貪記許多以求理會道理，便會喪志，不得以程子看史一字不差相混也。

---

① "誦讀多記"，原作"記誦"；"謂"，原作"爲"；"差"，原作"蹉"。見《朱子語類》卷九十五，第337頁。

問："上蔡説横渠以禮教人，其門人下梢頭低，只'溺於刑名度數之間，行得來困，無所見處'，如何？"曰："觀上蔡説得偏了。這都看不得禮之大體，所以都易得偏。如上蔡説横渠之非，以爲'欲得正容謹節'。這是自好，如何廢這個得？如專去理會刑名、度數，固不得；又全廢了這個，也不得。"①

宋儒胡子外，惟横渠之志行井田，教人以禮，爲得孔、孟正宗。謝氏偏與説壞，譏"其門人下梢頭低，溺於刑名、度數"，以爲横渠以禮教人之流弊。然則教人不當以禮乎？謝氏之入禪，於此可見。二程平昔之所以教楊、謝諸公者，於此可想矣。玩"行得來因無所見"一語，横渠之教法真可欽矣。"民可使由之，不可使知之"，"道之以德，齊之以禮"，此聖賢百世不易之成法也。雖周公、孔子，亦只能使人行，不能使人有所見；功候未到，即强使有所見，亦無用也。孟子曰："行之而不著焉，習矣而不察焉，終身由之而不知道者，衆也。"此固歎知道之少，而吾正於此服周公、孔子流澤之遠也。布三重以教人，使天下世世守之，後世有賢如孟子者得由行習而著察，即愚不肖者亦相與行習於吾道之中，正《中庸》所謂"行而世爲天下法"，歷八百年而猶在，幾百餘年而未衰。此周公、孔子之下梢頭原如是其低也，而其上梢頭亦未嘗高。制禮作樂，遵行遍天下，而周公之心，雖親賢之召公不盡知也；博文

① "行得來困"，《存學編》(《續修四庫全書》影印光緒二十五年鈔本)作"行得來因"，誤。《畿輔叢書》本、《顔李叢書》本均誤。"説得偏了"，原作"説得又自偏了"；"這是自好"，原作"這自是好"。見《朱子語類》卷一百一，第384頁。又此段文字中"下梢頭"，爲《朱子語類》中多次出現的詞語；《存學編》中引述時，大多作"下梢頭"，有一處作"下稍頭"，現統一作"下梢頭"。

約禮,服習遍三千,而一貫之秘,雖聰穎之端木未之聞也。相隨半生,尚以“多學而識”認夫子,然則未聞性道之前,端木子與三千人不同以文禮爲道乎?則横渠之門人,即使皆認刑名、度數爲道,何害也?朱子既見謝氏之偏,而知横渠之是,即宜考古稽今,與門人講而習之,使人按節文,家行典禮,乃其所也。奈何盡力誦讀著述,耽延歲月。迨老而好禮,又只要著《家禮》一書,屢易稿始成,其後又多自嫌不妥,未及改正而没,其門人楊氏固嘗代爲致憾矣。考其實,及門諸公不知式型與否,而朱子家祠喪禮已多行之未當,失周公、孔子之遺意者矣。豈非言易而行難哉?

“尹彦明見伊川後半年,方得《大學》、《西銘》看。”其意思好,也有病。蓋且養他氣質,淘潠去了那許多不好底意思,如《學記》所謂“未卜禘,不視學,游其志也”之意。此意思固好,然也有病者,蓋天下有多少書,若半年間都不教他看一字,幾時讀得天下許多書!所以彦明終竟後來工夫少了。①

伊川雖失孔子學教成法,猶知不可遽語人以高深,猶知不全靠書册,故遲半年方與門人《大學》、《西銘》看。至朱子則必欲人讀天下許多書,是將道全看在書上,將學全看在讀上,其學教之法又不逮伊川矣。吾謂《大學》可即與看,若《西銘》,雖姿性聰敏者,再遲數年與看,未爲晚也。

和靖涪州被召,《祭伊川文》云:“不背其師則有之,

① “其意思好”,原作“此意思也好”。見《朱子語類》卷九十五,第341頁。

有益於世則未也。”因言:“學者只守得某言語,已自不易,少間又自轉移了。”

吾讀《甲申殉難録》,至“愧無半策匡時難,惟餘一死報君恩”,未嘗不淒然泣下也!至覽和靖祭伊川“不背其師有之,有益於世則未”二語,又不覺廢卷浩歎,爲生民愴惶久之!夫周、孔以六藝教人,載在經傳,子罕言仁、命,不語神,性道不可得聞,予欲無言,博文約禮等語,出之孔子之言及諸賢所記者,昭然可考,而宋儒若未之見也。專肆力於講讀,發明性命,閒心靜敬,著述書史。伊川明見其及門皆入於禪而不悟,和靖自覺其無益於世而不悟,甚至求一守言語者亦不可得,其弊不大可見哉!至於朱子追述,似有憾於和靖而亦不悟也。然則吾道之不行,豈非氣數使之乎!

問:“伊川門人如此其衆,後來更無一人見得親切。”或云:“游、楊亦不久親炙。”曰:“也是諸人無頭無尾,不曾盡心在上面也。各家去奔走仕宦,所以不能理會得透。如邵康節從頭到尾,極終身之力而後得之。雖其不能無偏,然就他這道理,所謂‘成而安’矣。如茂叔先生資禀便較他高,也去仕宦,只他這所學,自是合下直到,所以有成。某看來,這道理若不是拚生盡死去理會,終不得解。”①

伊川門人甚衆,後更無一人見之親切,非因伊川所教諸

① “問”,原作“蔡云:不知”;“後來”前脱“何故”;“在上面”,原作“存上面”;“較他高”中“他”字,衍;“也去仕宦”前脱“他”;“直到”後脱“後來”;“不得解”,原作“不解得”。見《朱子語類》卷一百一,第382頁。

人所學俱失孔子實學之故乎！朱子乃云“是諸人無頭無尾，不曾盡心在上面”，試觀游、楊、謝、尹諸公，果是“無頭無尾，不曾盡心”者乎？又云“各去奔赴仕宦，所以不能理會透；康節極終身之力而後有得；茂叔亦去仕宦，只他資稟高，合下直到”；然則必欲人不仕宦，不作事，終身只在書室中，方可得道乎？

“與叔文集煞有好處。他文字極是實，説得好處，如千兵萬馬，飽騰伉壯。上蔡雖有過當處，亦自是説得透。龜山文字却怯弱，似是合下會得易。”“游、楊、謝諸公當時已與其師不相似，却似别一家。謝氏發明得較精彩，然多不穩貼。和靖語却實，然意短，不似謝氏發越。龜山《語録》與自作文不相似，其文大段照管不到，前面説如此，後面又都反了。緣他只依傍語句去，皆不透。龜山年高，與叔年四十七，他文字大綱立得脚來健，多有處説得好，又切。若有壽，必然進。游定夫學無人傳，無語録。”①

如何只論人文字言語長短，語録有無，非失聖門學宗，不實用功於明親，故無實事可稱舉乎？今有人議諸先生專在文字言語用功，或云只在言語文字論人品，必至群相嘩之曰：“彼大儒，不止是也。”乃考其實則竟如此！較歐、蘇諸公，但多講論性道之語，内地靜敬之功耳。試想三代前君臣獎贊，

① “飽騰”，原作“飽滿”；“卻似别”後面脱“立”字；“不相似”前脱“又”；“大段”，原作“大故”；“皆不透”，原作“皆是不透”；“多有”，原作“有多”；“必然”，原作“必煞”。此節文字，包含兩則語録，見《朱子語類》卷一百一，第 381 頁。

師弟叙述,或後人論斷前聖賢,曾有此口吻比例否? 噫! 恐不啻冰玉之相懸也!

> 上蔡之學,初見其無礙,甚喜之。後細觀之,終不離禪的見解。

予於程朱、陸王兩派學宗正如是。

龜山未見伊川時,先看莊、列等文字。後來雖見伊川,然而此念熟了,不覺時發出來。游定夫尤甚,羅仲素時復亦有此意。

聖人教人六藝,正使之習熟天理。不然,雖諄諄說與無限道理,至吃緊處依舊發出習慣俗雜念頭。

> 一日,論伊川門人,云"多流入釋、老"。陳文蔚曰:"只是游定夫如此,恐龜山輩不如此。"曰:"只《論語序》便可見。"①

朱子論游、楊入釋、老處,不知何指,但既廢堯、舜,②周、孔六府、六藝之學,則其所謂不入釋、老者又果何指也? 僕嘗論漢人不識儒,如萬石君家法,真三代遺風,不以儒目之;則其所謂儒,只是訓詁辭華之流耳。今觀朱門師弟一生肆力文字光景,恐或不免爲游、楊所不屑也。

> 看道理不可不仔細。程門高弟如謝上蔡、游定夫、楊龜山輩,下梢皆入禪學去。必是程先生當初說得高

---

① "釋、老",原作"釋氏"。見《朱子語類》卷一百一,第381頁。
② "廢",原作"發",據《畿輔叢書》本、《顏李叢書》本改。

了，他們只瞕見上截，少下面着實功夫，故流弊至此。①

僕意朱子未覺程門教法之失，既覺而復蹈之，何也？倘因此便返於實學，豈非吾道之幸哉！

"下面著實功夫"，是何物乎？將謂是靜敬乎？程門諸子固已力行之矣。將謂是禮、樂、射、御、書、數之屬乎？朱子已云補填難，姑不爲之矣。將謂是庸德庸言乎？恐禮、樂、射、御、書、數所以盡子、臣、弟、友之職者既不爲，又何者是其不敢不勉者乎？考其與及門日征月邁者，則惟訓解經傳，纂修書史，死生以之。或其所謂"下面著實功夫"者，未必是孔子所云"下學"也。

韓退之云："孔子之道，大而能博，門弟子不能遍觀而盡識也，故學焉而皆得其性之所近。"此說甚好。看來資質定了，其爲學也，只就他資質所尚處添得些小好而已。所以學者貴公聽並觀，求一個是當處，不貴徒執己自用。今觀孔門諸子，只除顔、曾之外，其他說話便皆有病。②

平日講學主變化氣質，此處却云"其爲學也，只就資質所尚處添些小好而已"。蓋諸先生認氣質有惡，不得不說變化，此處要説諸賢各得其性之所近，故又說"氣質已定，只添些小好"。且下云"學貴公聽並觀，求一個是當"，如果有此妙法，

① "仔細"，原作"子細"；"見上截"，原作"見一截"。見《朱子語類》卷一百一，第381頁。

② "學者"，原作"學"；"孔門諸子"，原作"孔子諸弟子"。見《朱子語類》卷九十三，第300頁。

而諸賢徒執己見求之，固可憾矣；乃吾夫子亦不爲之一指點也，何朱先生之大智而聖門師弟之大愚乎？則朱子所見之道與所爲之學、所行之教，與聖門别是一家，明矣。至於求諸賢之短，又何不著實體驗諸賢之造詣何如，吾輩較之何如，乃只論其説話有病無病乎？僕謂不惟七十子之品詣非可輕議，便是二千九百餘人，既經聖人陶鎔，亦不易言也。自戰國横議後，重以秦人之焚坑，漢儒之訓詁，魏、晋之清談，歷代之佛、老，宋、元之講讀，而七十子之身分久不明於世矣。吾嘗謂孔子如太陽當空，不惟散宿衆星不顯其光，即明月五星亦不出色，若當下旬之夜，一行星炯照，四國仰之如太陽然矣。故孔子奠楹後，群推有子爲聖人，西河又推卜子爲聖人。當時七十子身通六藝，日月至仁，倘有一人出於後世，皆足倡學一代，使人望爲聖人，非周、程以下諸先生所可比也。近法乾王子有言："後儒稍有不純，議廟典者動言黜退。聖門如冉求之聚斂，宰予之短喪，何可從祀？"予曰："賢弟未之思耳。冉有固有虧欠處，其學却實。如此案即缺一角，仍是有用之巨器，豈可舍也！故聖門一推政事之科，一在言語之列，不比後人虚言標榜，書本上見完全也。"王子曰："然。"

延平李氏曰："羅先生性明而修，行全而潔；充之以廣大，體之以仁恕；精深微妙，多極其至。漢、唐諸儒無近似者。"

又是一聖人！宋固多聖人乎？

陳氏協曰："先生可謂有德有言之隱君子矣！李公

　　　侗傳其學。公歿之後,既無子孫,及其遺言不多見於世。嘉定七年,郡守劉允濟始加搜訪,得公所著《遵堯録》八卷,進之於朝。其書四萬言,大要謂藝祖開基,列聖繼統,若舜、禹遵堯而不變。至元豐改制,皆自王安石作俑,創爲功利之圖,浸致邊疆之侮。是其畎畝不忘君之心,豈若沮溺輩索隱行怪之比耶!"①

元祐、元豐之獄,迄無公論。要之荆公之欲強宋本是,而術未盡善。苟安者競爲敵,洪水罔績,遂咎崇伯。然使即任濂、洛群哲,恐亦如四嶽群牧無如洪水何,未是神禹也。

　　周氏坦曰:"觀先生在羅浮山静坐三年,所以窮天地萬物之理,切實若此。"

原來是用此功,豈不令孔子哀之乎!但凡從静坐讀書中討來識見議論,便如望梅畫餅,靠之饑食渴飲不得。

　　朱子曰:"李延平先生屏居山里,結茅水竹之間,謝絶世故四十餘年,簞瓢屢空,怡然自得。"②

試觀孔子前有"謝絶世故"之道學乎?

---

① "隱君子矣"後略數句,"傳其學"後略去數句;"公歿",原作"既歿";"既無",原作"家無";"及其遺言",原作"故其遺言";"致邊疆",原作"兆裔夷";"索隱",原作"素隱"。見羅從彦《豫章文集》卷十五附録陳協撰《謚議》,《宋集珍本叢刊》本(據明成化七年刊本影印)。

② "山里",原作"山田";"世故四十餘年",原作"世故餘四十年";"自得",原作"自適"。見《晦庵先生朱文公文集》卷九十七《延平先生李公行狀》,《四庫提要著録叢書》集部第247册,第235—236頁。

先生從羅仲素學，講讀之餘，危坐終日，以驗夫喜怒哀樂未發之前氣象爲何如，而求所謂中者。若是者蓋久之，而爲天下之大本真有在乎是也。①

昔孔門固有講誦，乃誦其所學，講其所學。如誦三代之禮、講三代之禮以學禮，誦樂章，講樂器、樂音、樂理以學樂，未有專以講誦爲學者。至於危坐終日，以驗未發氣象爲求中之功，尤孔子以前千聖百王所未聞也。今宋家諸先生，講讀之餘，繼以靜坐，更無别功，遂知天下之大本真在乎是。噫！果天下之大本耶，果天下之理無不自是出耶？何孔門師弟之多事耶？

先生資禀勁特，氣節豪邁；而充養純粹，無復圭角。精純之氣，達於面目，色温言厲，神定氣和。語默動静，端詳閒泰；自然之中，若有成法。平居恂恂，於事若無可否。及其應酬事變，斷以義理，則有截然不可犯者。

先生之道德純備，學術通明，求之當時，殆絶倫比。然不求知於世，而亦未嘗輕以語人，故上之人既莫之知，而學者亦莫之識，是以進不獲行於時，退未及傳之於後。而先生方且玩其所安樂者於畎畝之中，悠然不知老之將至。蓋所謂"依乎中庸，遯世不見知而不悔"者，先生庶

① "先生從羅仲素學"，原作"先生既從之學"；"講讀"，原作"講誦"；"何如"，原作"如何"；"爲天下"，原作"知天下"。見《晦庵先生朱文公文集》卷九十七《延平先生李公行狀》，《四庫提要著録叢書》集部第247册，第236頁。

幾焉！①

合二段觀之，則延平先生真一孔子矣。夫聞惡而信，聞善而疑者，小人也；僕即不肖，何忍以小人自居乎？但以唐、虞、三代之盛，亦數百年而後出一大聖，不過數人輔翼之。若堯、舜之得禹、皋，孔子之得顏、曾，直如彼其難，而出必爲天地建平成之業，處亦一年成聚，二年成邑，三年成都，或身教三千以成天下之材，斷無有聖人而空生之者。況秦、漢後千餘年間，氣數乖薄，求如仲弓、子路之輩不可多得，何獨以偏缺微弱，兄於契丹，臣於金、元之宋。前之居汴也，生三四堯、孔，六七禹、顏；後之南渡也，又生三四堯、孔，六七禹、顏？而乃前有數聖賢，上不見一扶危濟難之功，下不見一可相可將之材，兩手以二帝畀金，以汴京與豫矣！後有數十聖賢，上不見一扶危濟難之功，下不見一可相可將之材，兩手以少帝付海，以玉璽與元矣！多聖多賢之世，而乃如此乎？噫！

先生少年豪勇，夜醉，馳馬數里而歸。後來養成徐緩，雖行二三里路，常委蛇緩步，如從容室中也。問："先生如何養？"曰："先生只是潛養思索。"他涵養得自是别，真所謂"不爲事物所勝"者。②

孔子但遇可憫可敬，便勃然變色；忽而久，忽而速，似爲事物所勝，乃是聖人。釋氏父子兄弟亦不動心，可謂"不爲事

① "純粹"，原作"完粹"；"無可否"，原作"無甚可否"；"及其應酬"，原作"酬酢"；"當時"，原作"當世"。兩節文字出自同一文章，中間隔數句。見《晦庵先生朱文公文集》卷九十七《延平先生李公行狀》，第237—238頁。

② 此節文字，"潛養思索"以前，見《朱子語類》卷一百三，第399頁。而整體則見於胡廣撰《性理大全書》卷四十"諸儒二"。

物所勝”，却是異端。

古人云“終日無疾言遽色”，他真是個如此。尋常人叫一人，一二聲不至，則聲必厲；先生叫之不至，不加於前也。尋常人去近處，必徐行；出遠處，必行稍急。先生出近處也如此，出遠處亦只如此。又如坐處壁間有字，某每嘗亦須起頭一看；若先生則不然，方其坐固不看也。若是欲看，則必起就壁下看之。其不爲事物所勝，大率如此。①

行遠不加急；叫人不至，聲不加大；坐處有字，必不坐看；天地間豈有此理乎！莫謂“可以速則速，可以久則久”之孔子不如此，雖伯夷、柳下惠，亦斷非如此氣象。

先生居處有常，不作費力事。

只“不作費力事”五字，不惟贊延平，將有宋一代大儒皆狀出矣。子路問政，子曰：“先之，勞之。”天下事皆吾儒分内事，儒者不費力，誰費力乎？試觀吾夫子生知安行之聖，自兒童嬉戲時即習俎豆、升降，稍長即多能鄙事，既成師望，與諸弟子揖讓進退，鼓瑟，習歌，羽籥、干戚、弓矢、會計，一切涵養心性、經濟生民者，蓋無所不爲也。及其周游列國，席不暇暖

① 此節文字，頗多錯漏，原作：“古人云‘終日無疾言遽色’，他真個是如此。如尋常人去近處，必徐行；出遠處，行必稍急。先生出近處也如此，出遠處亦只如此。尋常人叫一人，叫之一二聲不至，則聲必厲；先生叫之不至，聲不加於前也。又如坐處，壁間有字，某每常亦須起頭一看；若先生則不然，方其坐時，固不看也。若是欲看，則必起就壁下視之。其不爲事物所勝，大率若此。”見《朱子語類》卷一百三，第399頁。

而輒還，其作費力事如此，然布衣也。周公，文王之子，武王之弟，成王之叔，身爲上公者也，而亦多材多藝，吐餔握髮以接士，制禮作樂以教民，其一生作費力事又如此。此所以身當國鈞，開八百之祚於宗周，其人材至末流，猶堪爲五霸之用；雖爲布衣，布散三千人於天下，維二百年之國脉，其士風之塌壞，[1]猶足供七雄之用。故曰"儒者天地之元氣"，以其在上在下，皆能造就人材，以輔世澤民，參贊化育故也。若夫講讀著述以明理，靜坐主敬以養性，不肯作一費力事，雖曰口談仁義，稱述孔、孟，其與釋、老之相去也者幾何？

先生廳屋書室，整齊瀟洒，安物皆有常處。其制行不異於人。亦嘗爲任希純教授延入學作職事，居常無甚異同，頹如也。真得龜山法門。[2]

當斯世而身任教授，焉得無甚異同乎？又焉得以"頹如也"爲德容乎？其與龜山之混迹同塵，一矣。宜朱子稱爲"真得龜山法門"也。

問："先生所作《李先生行狀》云'終日危坐，以驗夫喜怒哀樂之前氣象爲何如，而求所謂中者'，與伊川之説若不相似。"曰："這處是舊日下的語太重。今以伊川之語格之，則其下功夫處，亦有些子偏。只是被李先生靜得極了，便自見得是有個覺處，不似别人。今終日靜坐，

---

① "塌"，原作"榻"，據《畿輔叢書》本、《顔李叢書》本改。

② "先生廳屋書室"，非原文，乃概括大意。"整齊"，原作"齊整"。見《朱子語類》卷一百三，第399頁。

只是且收斂在此，勝如奔馳。若一向如此，又是坐禪入定。”①

看朱子前日所言，絲毫未穩，皆不難自駁倒。若有人以不肖《性辯》及《孔子教法》進，必豁然改悟。恨吾生也晚，不獲及門矣！

靜極生覺，是釋氏所謂至精至妙者，而其實洞照萬象處，皆是鏡花水月，只可虛中玩弄光景，若以之照臨折戴，則不得也。吾聞一管姓者，與吾友汪魁楚之伯同學仙於泰山中，止語三年。汪之離家十七年，其子往覓之，管能預知，以手畫字曰：“汪師今日有子來。”既而果然。未幾，其兄呼還，則與鄉人同也。吾游北京，遇一僧敬軒，不識字，坐禪數月，能作詩，既而出關，則仍一無知人也。蓋鏡中花，水中月，去鏡水則花月無有矣。即使其靜功綿延一生不息，其光景愈妙，虛幻愈深，正如人終日不離鏡水，玩弄其花月一生，徒自欺一生而已，何與於吾性廣大高明之體哉？故予論明親有云：“明而未親，即謂之明，非《大學》之明也。”蓋無用之體，不惟無真用，并非無真體也。有宋諸先生，吾固未敢量，但以靜極有覺爲孔子學宗，則斷不敢隨聲相和也。

問：“延平先生何故驗於喜怒哀樂未發之前，而求所謂中？”曰：“只是要見氣象。”陳後之曰：“持守良久，亦可見未發氣象。”曰：“延平亦是此意。”又問：“此與楊氏於

① “何如”，原作“如何”；“下的”，原作“下得”；“功夫”，原作“工夫”；“有些子偏”前脱“是”；“靜坐”，原作“危作”；“又是坐禪”，原作“又似坐禪”。見《朱子語類》卷一百三，第400頁。

未發前體驗者,異同何如?"曰:"這個亦有些病。那'體驗'字是有個思量了,便是已發。若觀時恁着意看,便是已發。"問:"此體驗是着意觀?只恁平常否?"曰:"此亦是以不觀觀之。"①

觀此及前節,則宋儒之不爲禪者鮮矣,而方且攻人曰"近有假佛、老之似以亂孔、孟之真者"。愚謂充此段之意,乃是假佛、老之真以亂孔、孟之似耳。

某舊見先生時,説得無限道理,也曾去學禪。先生云:"汝恁地懸空理會得許多,面前事却又理會不得。道亦無奇妙,只在日用間着實用工夫處理會,便自見得。"後來方曉得他説,故今日不至無理會耳。②

原來朱子亦曾學禪,宜其濯洗不淨者,自貽伊戚矣。延平謂之曰:"汝懸空理會許多,面前却理會不得。"理會面前者,惟周公、孔子之道。朱子自言不至無理會,以今觀之,日用間還欠理會。蓋二先生之所謂"面前事",較釋氏之懸空而言耳。若二先生得周、孔而見之,其所以告之者,必仍如李先生之告朱先生也。

猗歟先生,果自得師。身世兩忘,惟道是資。精義造約,窮深極微。凍解冰釋,發於天機。乾端坤倪,鬼秘

① "延平亦是",原作"延平即是";"延平亦是此意"後略去數句;"於未發前體驗者",原作"體驗於未發之前者";"何如",原作"如何";"便是",原作"便也是"。見《朱子語類》卷一百三,第 400 頁。

② 兩"先生"前皆脱"李"字;"面前"前脱"而"字;"奇妙",原作"玄妙";"實用",原作"實做"。見《朱子語類》卷一百一,第 386 頁。

神彰。風霆之變，日月之光。爰暨山川，草木昆蟲。人倫之至，王道之中。一以貫之，其外無餘。縷析毫差，其分則殊。體用渾全，隱顯昭融。萬變并酬，浮雲太空。仁孝友弟，灑落誠明。清通和樂，展也大成。婆娑丘林，世莫我知。優哉游哉，卒歲以嬉。①

前資稟勁特二段已極推崇，此祭文中寫狀，尤極酣濃，不遺餘力，延平雖賢，恐未能當之。昔吾寄書於友人任熙宇，因其長刀筆事，内有"蕭、曹之才，兼慕孔、孟之道"二語，任答書云："凡譽人失實，即是自己離道。僕之駑下，輕誣以蕭、曹，即道兄須臾之離道。"予當時讀至此，悚然若魂飛，驚愧無地，自謂與任老相交，得力於此書者不淺也。朱子何其見游、楊諸公之明，而推其師之侈也！抑篤服之切，不覺其過情歟？乃於静坐之説，亦明不以爲然，又可疑也。

朱子曰："胡文定曰：'豈有見理已明而不能處事者！'此語好。"

見理已明而不能處事者多矣，有宋諸先生便謂還是見理不明，只教人明理。孔子則只教人習事，迨見理於事，則已徹上徹下矣。此孔子之學與程、朱之學所由分也。二《論》、《家語》中明明記載，豈可混哉？

---

① "果自"，原作"早自"；"人倫之至"，原作"人倫之正"；"渾全"，原作"混員"。見《晦庵先生朱文公文集》卷八十七，《祭延平李先生文》，《四庫提要著録叢書》集部第 246 册，第 498 頁。

卷三

博陵　顔元　著

性理評

延平謂朱子曰："渠所論難處，皆是操戈入室。須從源頭體認來，所以好説話。"

"從源頭體認"，宋儒之誤也；故講説多而踐履少，經濟事業則更少。若宗孔子"下學而上達"，則反是矣。

"渠初從謙開善處下功夫來，故皆就裏面體認。今既論難，見儒者路脉，極能指其差誤之處。自見羅先生來，未見有如此者。"

朱子雖逃禪歸儒，惜當時指其差誤猶有未盡處。只以補填禮、樂、射、御、書、數爲難，謂待理會道理通透，誠意正心後，方理會此等，便是差誤。夫藝學，古人自八歲後即習行，反以爲難，道理通透，誠意正心，乃《大學》之純功，反以爲易而先之，斯不亦顛倒矣乎？況舍置道理之材具、心意之作用，斷無真通透、真誠正之理。即使強以其鏡花水月者命之爲通透誠正，其後亦必不能理會六藝。蓋有三故焉：一者，游思高遠，自以爲道明德立，不屑作瑣繁事。一者，略一講習，即謂已得，未精而遽以爲精。一者，既廢藝學，則其理會道理、誠意正心者，必用靜坐讀書之功，且非猝時所能奏效。及其壯衰，已養成嬌脆之體矣，[1]烏能勞筋骨，費氣力，作六藝事哉？吾嘗目擊而身嘗之，知其爲害之鉅也。吾友張十卿，博極群書，自謂秦、漢以降二千年書史，殆無遺覽。爲諸少年發書義，至力竭偃息床上，喘息久之，復起講，力竭復偃息，可謂勞之甚矣。不惟有傷於己，卒未見成其一才。此其時欲學六藝，何以堪也！祁陽刁蒙吉，致力於靜坐讀書之學，晝誦夜思，著書百卷，遺精痰嗽無虚日，將卒之三月前，已出言無聲。元氏一士子，勤讀喪明。吾與法乾年二三十，又無諸公之博洽，亦病無虚日。雖今頗知憤恨，期易轍而崇實，亦惴惴恐其終不能勝任也。況今天下兀坐書齋人，無一不脆弱，爲武士、農夫所笑者，此豈男子態乎？差毫釐而謬千里，不知誰爲之祟也，噫！

勉齋黄氏曰："先生年四十，慨然有求道之志，博求之經傳，遍交當世有識之士，雖釋、老之學，亦必究其歸趣。"[2]

今世爲學，須不見一奇異之書，但讀孔門所有經傳，即從之學其所學，習其所習，庶幾不遠於道。雖程、朱、陸、王諸先生語録，亦不可輕看，否則鮮不以流之濁而誣其源之清也。朱

---

① "矣"後，原衍一"矣"字，據《畿輔叢書》本、《顔李叢書》本删。
② "年四十"，原作"時年十有四"。見黄榦《勉齋先生黄文肅公文集》卷三十四《朝奉大夫華文閣待制贈寶謨閣直學士通議大夫謚文朱先生行狀》，第 700 頁。

子少時，因誤用功於釋、老，遂沾其氣味，而吾五百年有功於聖道之大儒，不能滌此歧途之穢，豈非宋、元來學者之不幸哉！

余細玩朱子語録，亦有恍悟性學本旨處，但無如曾、孟者從旁一指，終不是判然出彼入此，故糊糊塗塗，又仍歸周、程所説。或曰："悟學宗如是其難。吾子天資猶夫人也，而謂獨明孔子學宗，吾滋惑矣。"予曰蓋有由也。吾自弱冠遭家難，頗志於學，兼讀朱、陸兩派語録，後以心疾，無所得而萎塌。至甲辰，年三十，得交王子助予，遂專程、朱之學。乙巳丙午，稍有日進之勢。丁未，就辛里館，日與童子輩講課時文，學遂退。至戊申，遭先恩祖妣大故，哀毁廬中，廢業幾年，忽知予不宜承重，哀稍殺。既不讀書，又不接人，坐卧地炕，猛一冷眼，覺程、朱氣質之説大不及孟子性善之旨，因徐按其學，原非孔子之舊。是以不避朱季友之罪而有《存性》、《存學》之説，爲後二千年先儒救參雜之小失，爲前二千年聖賢揭晦没之本源。倘非丁未廢歇，戊申遭喪，將日征月邁，望程、朱而患其不及，又焉暇問其否哉誤否哉？

至若求道而過者，病傳注誦習之煩，以爲不立文字，可以識心見性；不假脩爲，可以造道入德；守虚靈之識，而昧天理之真；借儒者之言，以文佛、老之説。學者利其簡便，詆呰聖賢，捐棄經典，猖狂叫呶，側僻固陋，自以爲悟。①

此朱子極詆陸門之失處。然由孔門觀之，則除"捐棄經典、猖狂叫呶"外，其他失處，恐亦朱門所不能盡免也。

---

① "佛、老"，原作"老、佛"。見黄榦《勉齋先生黄文肅公文集》卷三十四《朝奉大夫華文閣待制贈寶謨閣直學士通議大夫謚文朱先生行狀》，第703頁。

其於讀書也，必使之辯其音釋，正其章句，玩其辭，求其意。研精覃思，以求其所難知；平心易氣，以聽其所自得。然爲己務實，辨别義利，毋自欺，謹其獨之戒，未嘗不三致意焉，蓋亦欲學者窮理反身，而持之以敬也。從游之士，迭誦所習，以質其疑，意有未喻，則委曲告之而未嘗倦；問有未切，則反覆誠之而未嘗隱。務學篤則喜見於言，進道難則憂形於色。講論經典，商略古今，率至夜半。雖疾病支離，諸生問辯，則脱然沉疴之去體；一日不講學，則惕然常以爲憂。摳衣而來，遠自川、蜀，文辭之傳，流及海外。①

可惜先生苦心苦功，此半幅述之悉矣。試問如孔門七十子者，成就幾人？天下被治平者幾世？明行吾道而異端頓熄者幾分？我夫子承周末文勝之際，洞見道之不興，不在文之不詳而在實之不修，奮筆删定繁文，存今所有經書，取足以明道，而學教專在六藝，務期實用。其與端木、言、卜諸子以下，最少言語，至於天道性命之言尤少，是以學者用功省而成就多。五季之世，武臣司政，詩書高閣，至宋而周、程諸儒出，掀精抉奥，鼓動一時，自謂快事。惟安定胡先生，獨知救弊之道，在實學不在空言，其主教太學也，立經義、治事齋，可謂深契孔子之心矣。晦庵先生所宜救正程門末流之失，而獨宗孔

① "謹其獨之戒"，《續修四庫全書》所收光緒二十五年閻志廉鈔本同，黄榦《勉齋先生黄文肅公文集》同；《畿輔叢書》本作"謹慎獨之戒"；《顔李叢書》本同。"必使之"，前脱"又"；"辯其"，原作"辨其"；"求其所難"，原作"究其所難知"，爲求句式完整，此處據原文補"知"字；"平心易氣"前脱"知"；"未喻"，原作"未諭"；"諸生問辯"，原作"至諸生問辨"。見黄榦《勉齋先生黄文肅公文集》卷三十四《朝奉大夫華文閣待制贈寶謨閣直學士通議大夫謚文朱先生行狀》，第703頁。

子之經典，以六藝及兵農、水火、錢穀、工虞之類訓迪門人，使通儒濟濟，澤被蒼生，佛、老熄滅，乃其能事也。而區區章句如此，謂之何哉！

至若天文、地志、律曆、兵機，亦皆洞究淵微。文詞字畫，騷人才士疲精竭神，嘗病其難至，先生未嘗用意，而亦皆動中規繩，可爲世法。

天文、地志、律曆、兵機數者，若洞究淵微，皆須日夜講習之力，數年歷驗之功，非比理會文字可坐而獲也。先生既得其淵微，奈何門人録記言行之詳，未見其爲如何用功也？況語及國勢之不振，感慨以至泣下，亦悲憤之至矣。則當時所及，孰有過于兵機者乎？正宜誘掖及門，成就數士，使得如子路、冉有、樊遲者相與共事，則楚囚對泣之態可免矣。乃其居恒傳心、静坐主敬之外無餘理，日燭勤勞、解書修史之外無餘功，在朝蒞政、正心誠意之外無餘言，以致乘肩輿而出，輕浮之子遮路而進厭聞之誚。雖未當要路，而歷仕四朝，在外九考，立朝四旬，其所建白可概見也。莫謂孔、孟之暫效魯、滕，可如子游、子賤、子路之宰邑光景否？故三代聖賢，躬行政績多實徵，近今道學，學問德行多虚語，則所謂“天文、地志、律曆、兵機，洞究淵微”者，恐亦是作文字理會而已。

先生出，而自周以來聖賢相傳之道，一旦豁然，如大明中天，昭晰呈露。

揚子雲曰：“古者楊、墨塞路，孟子辭而闢之，廓如也！”韓子駁之云：“夫楊、墨行，正道廢，孟子雖聖賢，不得位，空言無施，雖切何補？然賴其言，而今之學者尚知宗孔氏，崇仁義，貴王賤霸而已，其大經大法，皆亡滅壞爛。所謂存什一於千百，安在其能廓如也！”夫孟子闢楊、墨而楊、墨果熄，尊孔氏而孔氏果尊，崇仁義，貴王賤霸，而仁義果崇，王果貴，霸果賤。至大經大法，如班爵、班禄、井田、學校，王道所必舉者，明則明，行則行，非後世空言之比，正子貢所稱“賢者識其大者”。子雲贊之一語頗易，文公譏之。今朱子出，而氣質之性參雜於荀、揚，静坐之學出入於佛、老，訓詁繁於西漢，標榜溢於東京，禮樂之不明自若也，王道之不舉自若也，人材之不興自若也，佛道之日昌而日熾自若也。實學不明，言雖精，書雖備，於世何功，於道何補？然賴其講解，朝廷猶以四書、五經取士，周、孔之文，不至盡没，有志於學者承襲其迹，以主敬静坐求道，不至盡奉釋、道名號，與二家鼎峙而已。若問自周以來聖賢相傳之道，則絶傳久矣。黄氏遽謂“一旦豁然，如大明中天”，豈惟不足俟聖人於百世，恐後世有文人之雄如韓子者，亦不免其譏也議也。

果齋李氏曰：先生之道之至，原其所以臻斯域者，無他焉，亦曰主敬以立其本，窮理以致其知，反躬以踐其實。而敬者，又貫通乎三者之間，所以成始而成終也。故其主敬也云云，内則無二無適，寂然不動；外則儼然肅然，若對神明云云。其窮理也云云，字求其訓，句索其旨云云。始以熟讀，使其言皆若出於吾之口；繼以精思，使其意皆若出於吾之心。自表而達裏，自流而溯源，索其精微，若别黑白，辨其節目，若數一二云云，而後爲有得焉。若乃立論以驅率聖言，鑿説以妄求新意，或援引以相糾紛，或假借以相混惑云云，以爲學者之大病，不痛絶乎此，則終無入德之期。蓋自孔、孟以降，千五百年之間，讀書者衆矣，未有窮理若此其精者也云云。及其理明義精，養深積盛，充而爲德行，發而爲事業云云。入而事君，則必思堯、舜其君；出以治民，則必以堯、舜其民。①

李氏此贊，體用兼該矣。僕不必詳辯。但願學者取朱子之主敬窮理與孔門一質對，取朱子之事業與堯、舜一質對，則其學宗之稍異，判然矣。總之，於有宋諸先生，非敢苛求。但以寧使天下無學，不可有參雜佛、老章句之學，寧使百世無聖，不可有將就冒認標榜之聖，庶幾學則真學，聖則真聖云爾。言論風旨之所傳，政教條令之所布，皆可爲世法。而其"考諸先聖而不謬，建諸天地而不悖，百世以俟聖人而不惑"者，則以訂正群書，立爲準則，使學者有所依據循守以入堯、舜之道，此其勳烈之尤彰明盛大者。

"考諸先聖而不謬"等語何其大，而乃歸之討正群書乎？夫朱子所以盡力於此，與當時後世所以篤服於此者，皆以孔子删述故也。不知孔子是學成内聖外王之德，教成一班治世之材，魯人不能用，又不能薦之周天子，乃出而周游，周游是學教後不得已處；及將老而道不行，乃歸魯删述以傳世，删述又周游後不得已處。戰國説客，置學教而學周游，是不知孔子之周游爲孔子之不得已也。宋儒又置學教及行道當時，而

① 八處"云云"，於原文或省略數句，或省略數字；"成終"後脱"者"；"若對神明"前脱"終日"；"寂然不動"後脱"以爲酬酢萬變之主"；"達裏"，原作"究裏"；"及其理明義精"，原作"及夫理明義精"；"入而事君"，原作"入以事君"。見戴銑輯《朱子實紀》卷十，第 466—468 頁。

自幼壯即學删述，教弟子亦不過是，雖講究禮樂，亦只欲著書垂世，不是欲於吾身親見之，是又不知孔子之删述爲孔子之尤不得已也。況孔子之删述，是删去繁亂，而僅取足以明道，正恐後人馳逐虛繁，失其實際也。宋儒乃多爲注解，遞相增益，不幾決孔子之隄防而導汎濫之流乎？此書之所以益盛，而道之所以益衰也。

先生蒐輯先儒之説，而斷以己意，彙别區分，文從字順，妙得聖人之本旨，昭示斯道之標的。又使學者先讀《大學》，以立其規模，次及《語》、《孟》，以盡其藴奥，而後會其歸於《中庸》。尺度權衡之既定，由是以窮諸經，訂群史，以及百氏之書，則將無理之不可精，無事之不可處矣。

先生昭明書旨，備勞心力，然所明只是書旨，未可謂得吾身之道也。[1] 經、群史、百氏之書所載者，[2]原是窮理之文，處事之道。然但以讀經史、訂群書爲窮理處事，以求道之功，則相隔千里；以讀經史、訂群書爲即窮理處事，曰道在是焉，則相隔萬里矣。兹李氏以先生解書得聖人之本旨，遂謂示斯道之標的；以先生使學者讀書有序，遂謂將無理不可精，無事不可處。噫！宋、元來效先生之彙别區分，妙得聖人之本旨者，不已十餘人乎？遵先生讀書之序，先《大學》、次《語》、《孟》，次《中庸》，次窮諸經，訂群史以及百氏，不已家家吾伊，户户講究乎？而果無理不可精，無事不可處否也？譬之學琴然：

---

① “未可謂得吾身之道也”後，原衍“處事之道”，據《畿輔叢書》本、《顔李叢書》本删。

② “經”，《畿輔叢書》本、《顔李叢書》本均作“蓋四書、諸經”。

詩書猶琴譜也，爛熟琴譜，講解分明，可謂學琴乎？故曰以講讀爲求道之功，相隔千里也。更有一妄人指琴譜曰，是即琴也，辯音律，協聲韻，理性情，通神明，此物此事也。譜果琴乎？故曰以書爲道，相隔萬里也。千里萬里，何言之遠也？亦譬之學琴然：歌得其調，撫嫻其指，弦求中音，徽求中節，聲求律協，是謂之學琴矣，未爲習琴也。手隨心，音隨手，清濁、疾徐有常規，鼓有常功，奏有常樂，是之謂習琴矣，未爲能琴也。弦器可手製也，音律可耳審也，詩歌惟其所欲也，心與手忘，手與弦忘，私欲不作于心，太和常在於室，感應陰陽，化物達天，於是乎命之曰能琴。今手不彈，心不會，但以講讀琴譜爲學琴，是渡河而望江也，故曰千里也；今目不睹，耳不聞，但以譜爲琴，是指薊北而談雲南也，故曰萬里也。

洙、泗以還，博文約禮，兩極其至者，先生一人而已。

"博學於文，約之以禮"，乃孔門祖述堯、舜，憲章文、武之實功，明德親民，百世不易之成法也。但孔門曰"博文約禮"，程、朱亦曰"博文約禮"，此殊令人不敢辯，然實有不待辯而判如者。孔門之"博學"，學禮，學樂，學射，學御，學書、數以至《易》、《書》莫不曰學也，《周南》、《召南》曰爲也。言學、言爲，既非後世讀講所可混，禮、樂、射、御、書、數，又非後世章句所可托。況於及門之所稱贊，當時之所推服，師弟之所商搉，若"多學而識"、"不試故藝"、"博學而無所成名"、"文武之道未墜於地"、"文不在茲"、"游於藝"、"如或知爾"、"可使從政"諸章，皆可按也，此孔門之文，孔門之學也。程、朱之文，程、朱之博學，則李氏已詳言之，不必贅矣。孔門之約禮，大而冠婚、喪祭、宗廟、會同，小而飲食、起居、衣服、男女，問老聃，習大樹下，公西子曲禮精熟，夫子遜其能，可謂禮聖，言、曾諸賢，纖微必謹。以此約身，即以此約心，出即以此約天下，故曰“齊之以禮”。此千聖體道之作用，百世入道之實功。故《中庸》大聖人之道，至于發育萬物，峻極於天，序君子之功，備著尊德性，道問學。而其中直指曰“禮儀三百，威儀三千”，且曰“苟不至德，至道不凝”，顯是以三千三百爲至道。倘外此而别有率性，别有篤恭，子思亦得罪聖門矣。此孔門之禮，孔門之約也。程、朱之約禮，則惟曰“内而無二無適，寂然不動；外而儼然肅然，若對神明”而已。其博約極至與否，未敢易言，願學者先辨其文與禮焉可也。

朱子言，自周衰教失，禮樂養德之具，一切盡廢，所以維持人心者惟有書。則宜追求其一切養德之具，而亟亟與同人講習之，以經書爲佐證可也。而乃惟孜孜攻苦於書，其餘不甚重焉。且李氏亦知春秋時患在諸書煩亂，而禮樂散亡，孔子删定，爲萬世道德之宗。乃朱子適丁文墨浩繁之時，而不能删削其煩亂，反從而訓之增之，何也？夫朱子之所欲學者，孔子也，而顧未得孔子之心，未盡合孔子學教之法。吾爲五百年之士子惜其不得爲曾、孟，爲五百年之世道惜其不得爲殷、周，爲五百年之生民惜其不得蒙教養，故深惜朱子之未得爲孔子也。

吴氏曰：“先生經史子集之餘，雖記録雜説，舉輒成誦。”

經史子集已惜其過用精神，況記録雜説乎？

北溪陳氏曰:“先生道巍而德尊,義精而仁熟;立言平正温潤,清巧的實云云。辭約而理盡,旨明而味深。而其心度澄朗,瑩無渣滓;工夫縝密,渾無隙漏,尤可想見於辭氣間。故孔、孟、周、程之道,至先生而益明。所謂主盟斯世,獨先生一人而已。”①

試觀“道巍德尊,義精仁熟”二語,雖孔子不是過,而下面實指處,却只是立言之“辭約理盡,旨明味深”而已,言其“心度澄朗”、“工夫縝密”,亦不外於辭氣想見之。蓋朱子身分原是如此,黄、李、吴、陳諸公,亦但能于虚字間崇奬,不能於實際上增潤。及總贊“主盟斯世”一語,尤是不覺道出本色。蓋王者不作,五霸迭興,相繼主盟,假仁義以明王章,聖賢亦不得已而取之,故孔子曰“桓公九合諸侯,一匡天下”,孟子曰“今之諸侯,五霸之罪人也”。秦、漢而降,聖人不生,揚、韓、王、周、程、朱、陸、薛、王、馮、高諸子,相繼疊興,主盟儒壇,闡詩書以明聖道,天下靡然向風,自好之士多出其内。故五霸者,實德未修,雖天下服之而不敢帝,不敢王,名之曰霸而已;諸儒者,實學未至,雖天下宗之而不敢聖,不敢賢,渾之曰儒而已,其身分正同。迄今大儒相繼登壇於東林者,猶皆稱主盟,其取義確矣!

鶴山魏氏曰:“國朝之盛,大儒輩出,聲應氣求,若合符節。曰極,曰誠,曰仁,曰道,曰忠,曰恕,曰性命,曰氣

① “清巧”,原作“清切”;“云云”處,省略原文數句;“獨”後脱“推”。見陳淳《北溪先生大全文集》卷五《初見晦庵先生書》,《宋集珍本叢刊》本(據明鈔本影印),第33頁。

質，曰天理人欲，曰陰陽鬼神，若等此類，凡皆聖門講學之樞要，而千數百年習浮踵陋，莫知其説者，至是脱然若沉疴之間，大寐之醒。至於朱文公先正，始以強志博見淩高厲空；自受學延平李先生，遏然如將弗勝，於是斂華就實，反博歸約。迨其一蓄久而思渾，資深而行熟，則貫精粗，合内外，群獻之精藴，百家之異指，毫分縷析，如示諸掌。張宣公、吕成公，同心協力以閑先聖之道，而僅及中身，論述靡定。惟先生巍然獨存，中更學禁，自信益篤。蓋自《易》、《詩》、《中庸》、《大學》、《論語》、《孟子》，悉爲之推明演繹，以至三禮、《孝經》，下迨屈、韓之文，周、程、張、邵之書，司馬氏之史，先正之言行，亦各爲之論著。然後帝王經世之規，聖賢新民之學，燦然中興！"①

天命、陰陽、鬼神等，僕之愚未足與議，但以大半屬聖人所罕言不語者，而必"毫分縷析，如示諸掌"，何爲也哉？至於推明古人之經書，論著先正之前言往行，此自吾儒學成後餘事。學成矣，則用於世以行之；如不用于世，亦可完吾性分以還天地，不著述可也。觀其時果有大理未明，大害未除，不得已而有所著述，以望後世之明之除之，亦可也。若文人之文，

① "國朝之盛"後省略數句；"曰忠"，原作"曰中"；"曰性命"，原作"曰間命"；"曰天理人欲"，原作"曰天地人欲"；"等此"，原作"此等"；"若沉疴"，原作"如沉疴"；"至於"後省略數句；"朱文公先正"，原作"朱文公先生"；"李先生"，原作"李子"；"遏然"，原作"退然"；"斂華"，原作"斂豪"；"迨其一"中"一"字衍；"合内外"，原作"合外内"；"示諸掌"，原作"眎諸掌"；"論述靡定"，原作"論述靡竟"；"魏然"，原作"巋然"；"周、程、張、邵"，原作"周、程、邵、張"；"燦然"，原作"粲然"。見魏了翁《重校鶴山先生大全文集》卷五十四《朱文公年譜序》，《宋集珍本叢刊》本（據明嘉靖銅活字印本影印），第 262 頁。

書生之書，解之論之，則不必矣。乃今以此等推演論著之既明，遂爲“帝王經世之規，聖賢新民之學，燦然中興”，不其誣歟！無實功於道統，既不免堯、舜、孔、孟在天者歎息之，又無實徵於身世，豈能服當日之人心乎？徒以空言相推，駕一世之上，而動擬帝王聖賢，此僞學之名所從來也。僕嘗妄議，宋代諸先儒，明末諸君子，使生唐、虞、三代之世，其學問氣節必更別，若只如此，恐亦不免僞學之禁，門黨之誅也。但宋、明朝廷既無真將相，草野既無真學術，則正宜用稱説《詩》、《書》，標榜清流者撐持其衰運，不宜誅之禁之，以自速其敗亡也。要之似龍骨馬，司國柄者不可廢崇儒重道之典，而悲天憫人，儒者宜存返己自罪之心。故天下有弑君之臣，殺父之子，無與於孔子也，而孔子懼；天下有無父之墨，無君之楊，非孟子爲之也，而孟子懼；蓋儒者之憫天下而厚自責如此。況真失學宗以誤斯人，則近代之禍，吾儒焉得辭其責哉！

朱子曰：“敬夫高明，他將謂人都似他，纔一説時，便更不問人曉會與否，且要説盡他個。故他門人，敏底祇學得他説話，若資質不逮，依舊無著摸。某則性鈍，讀書極是辛苦，故尋常與人言，多不敢爲高遠之論。蓋爲是身曾親經歷過，故不敢以是責人耳。《學記》曰：‘進而不顧其安，使人不由其誠。’今教者之病，多是如此。”①

朱子與南軒一派師友，原只是説話讀書度日。較王、何清談，頗用力于身心，較韓、歐文字，猶規規於理性。白、蘇詩酒，既不能仿其矜持；佛、老空虛，又全不及其讀講，真三代後

① “讀書”，原作“説書”。見《朱子語類》卷一百三，第 400—401 頁。

近於儒之學，磽薄氣運中不易得之豪傑也。然而身分如此，無能強增。故推奬處，或襯砌以聖賢、道統、躬行、經濟之語，至其比長競短，叙實指事，或推人，或自見，則皆在言詞讀作之中而無他也。且其病南軒者，恐亦朱子所以自狀，但其爲失有淺深，遂自以爲得中耳。愚嘗上書刁文孝，其答書亦不問人之疑與否，只自己説盡。想刁公亦非矜情自見，蓋素日所學，原是説話作文，更無他物與人耳。況講讀之學教，即循循有序，亦與《學記》之言時孫者不同。夫"進而不顧其安，使人不由其誠"，所謂"不學操縵，不能安弦；不學博依，不能安詩；不學雜服，不能安禮；不興其藝，不能樂學"。苟躁速引進而不顧其安，是教人躐等而不誠也，不時不孫也。故法乾上會謂其子九數已熟，甚悦。予曰："且勿令知有乘歸法，使之小息，得一受用，方可再進。"正此意也。學者觀《孟子》"深造之以道"、"教者必以規矩"諸章，豈誦讀講説之學所可托哉？

南軒、伯恭之學皆疏略云云。伯恭説道理與作爲，自是兩件事。如云："仁義道德與度數刑名，介然爲兩途，不可相通。"①

朱子説"禮、樂、射、御、書、數補填難，且理會道理《詩》、《書》"，非是看道理《詩》、《書》與禮、樂、射、御、書、數介然爲兩途乎？只是不肯説明耳。古人云，"不知其人視其友"，觀此益信。

---

① "云云"處，略去數句；"刑名"，原作"刑政"。見《朱子語類》卷一百三，第400頁。

> 東萊自不合做這《大事記》。他那時自感疾了，一日要做一年。若不死，自漢武至五季，只千來年，他三年自可了此文字。人多云其解題煞有工夫，其實他當初作題目，卻煞有工夫，只一句要包括一段意。解題只現成，檢令諸生寫。伯恭病後，既免人事應接，免出做官，若不死，大段做得文字。①

可惜一派師友，都是以作文字度日，死生以之。

朱子於南軒、伯恭皆不諱其短，交友之和而不同如此，豈惡聞異己之言哉？至今仕學皆先立黨，此所以道愈微，世愈衰。

> 問："子靜不喜人論性。"曰："怕只是自己理會不曾分曉，怕人問難。又長大了，不肯與人商量，故一截截斷。然學而不論性，不知所學何事？"②

不喜人論性，未爲不是，但少下學耳。朱子好論性，又教人商量性，謂即此是學，則誤矣。故陸子對語時每不與説者，中不取也；不取朱子，而不思我所見果是，何以不能服此友也。朱子此等貶斥，尤不取陸子；不取陸子而亦不思我所言果是，何以不能服此友也。子曰："察言而觀色，慮以下人。"兩先生豈未用此功歟？

---

① "五季"，原作"五代"；"現成"，原作"見成"。見《朱子語類》卷一百二十二，第547頁。

② "論性"，原作"説性"；"斷"後脱"了"。見《朱子語類》卷一百二十四，第556頁。

子靜之學，看他千般萬般病，只在不知有氣稟之雜。

朱子之學，全不覺其病，只由不知氣稟之善。以爲學可不自六藝入，正不知六藝即氣質之作用，所以踐形而盡性者也。

"子靜説話常是兩頭明，中間暗，是如何？"曰："是他那不説破處。他所以不説破，便是禪家所謂'鴛鴦繡出從君看，莫把金針度與人'。禪家自愛如此。"①

禪家無鴛鴦，也不繡鴛鴦，焉得鴛鴦與人看！

子靜説"良知良能"、"四端"等處，且成片段，似經語，不可謂不是。但説人便能如此，不假脩爲存養，此却不得。譬如旅寓之人，自家不能送他還鄉，但與説云："你自有田有屋，大段快樂，何不便回去？"那人既無資送，如何便回去？又如脾胃受傷，不能飲食之人，却硬將飯將肉塞入他口，不問他吃得吃不得，若是一頓便理會的，亦豈不好，然非生知安行者，豈有此理？便是生知安行，也須要學。大抵子思説"率性"，孟子説"存心養性"，大段説破。夫子更不曾説，只説"孝弟"、"忠信"、"篤敬"。蓋能如此，則道理便在其中矣。②

① "子靜説話常是兩頭明，中間暗，是如何？"原作："'子靜説話常是兩頭明，中間暗。'或問：'暗是如何？'""是禪"後衍"家"字，此處當句；"禪家自愛"前脱"他"。見《朱子語類》卷一百四，第407頁。

② "片段"，原作"片舉"；"還鄉"，原作"回鄉"；"回去"後脱"得"；"受傷"，原作"傷弱"；"吃得"後脱"與"；"理會的"，原作"理會得"；"要學"，原作"用學"。見《朱子語類》卷一百二十四，第555頁。

陸子説"良知良能,人便能如此,不假修爲存養",非是言"不用修爲存養",乃認孟子"先立乎其大者,則其小者不能奪"二句稍呆,又不足朱子之誦讀訓詁,故立言過激,卒致朱子輕之。蓋先立其大,原是根本,而維持壅培之無具,大亦豈易言立也?朱子旅寓人、傷脾胃人二喻,誠中陸子之病,但又是手持路程本當資送,口説健脾和胃方當開胃進食,即是終年持説,依然旅寓者不能回鄉,傷脾胃者不能下咽也。此所以亦爲陸子所笑,而學宗遂不歸一矣。豈若周公、孔子三物之學,真旅寓者之餱糧車馬、傷脾胃者之參术縮砂也哉!

既知夫子不説破,前乃譏陸子不説破是"禪家自愛",何也?

子静之説無定,大抵他只是要拗。①

細檢之,講學先生多是拗,只有多少耳。吾儒之道,有一定不易之理,何用拗?只因實學既失,二千年來,只在口頭取勝,紙上爭長,此拗之所從來也。

問:"象山道'當下便是'。"曰:"看聖賢教人,曾有此等語無?聖人教人,皆從平實地做去云云。又平時告弟子,也須道是'學而時習','行有餘力,則以學文'。"②

聖賢教人,原無象山"當下便是"等語,試看聖賢可曾有

---

① "子静之説無定"後略數句;"他只"後衍"是"。見《朱子語類》卷一百二十四,第556頁。

② "象山道"前略去數句;"平實地"後脱"上";"云云"處略去數句。見《朱子語類》卷一百二十四,第559頁。

先生之學否?"學而時習之","行有餘力,則以學文",孔門是學靜坐訓解否?

但有聖賢之言,可以引路。

"有聖賢之言,可以引路",今乃不走路,只效聖賢言便當走路。每代引路之言增而愈多,卒之蕩蕩周道上鮮見其人也。《詩》云:"如匪行邁謀,是用不得于道。"此之謂矣。

因説子靜。云:"這個只爭些子,才差了便如此。他只是差過了;更有一項,却是不及。若是過底,拗轉來却好;不及底,趲向上去便好。只緣他纔高了,便不肯下;纔不及了,便不肯向上。過的,便道只是就過裏面求個中;不及的,也道只就不及裏面求個中。初間只差了些子,所謂'差之毫釐,謬以千里'。"又曰:"某看近日學問,高者便説做天地之外去,卑者便只管陷溺;高者必入於佛、老,卑者必入於管、商。定是如此,定是如此。"①

看朱子歎息他人,真是自以爲中,居之不疑矣。若以孔門相較,朱子知行竟判爲兩途,知似過,行似不及,其實行不及,知亦不及。又歎近日學者"高入佛、老,卑入管、商",愚以爲當時設有真佛、老,必更歎朱子之講讀訓解爲耗神粗迹,有真管、商,必更歎朱子之静坐主敬爲寂守無用,恐不能出其上,而令兩項人受憐也。若吾夫子中庸之道,舉其心性,可以

① "因説",原作"因問";"差過"後脱"去";"若是",原作"若使";"便好",原作"卻好";"過的",原作"過底";"不及的",原作"不及底";"謬";原作"繆";"又曰"前略去數句。見《朱子語類》卷一百二十四,第558—559頁。

使釋、道哭,言其作用,可以使管、商慚。倘朱子而幸游其門,見其天高地厚,又豈敢遽自以爲是乎!不得孔子而師,顔、曾而友,此朱子之大不幸也。

> 陸氏會説,其精神亦能感發人,一時被他聳動底,亦便清白,只是虚,更無底簟。"思而不學則殆",正爲無底簟,便危殆也。"山上有木,漸,君子以居賢德、善俗",有階梯而進,不患不到。今其徒往往進時甚鋭,然其退亦速。纔到退時,便如墜千仞之淵。①

朱子指陸門流弊處,亦所以自狀。但朱子會説,又加會解會著,是以聳動愈多,頗有底簟。或問:"讀講著述雖是靠書本,然畢竟經傳是把柄,故頗有底簟否?"予曰:"亦是讀講經書,身心有所依據,不至縱放,但亦耗費有用精神,不如陸、王精神不損,臨事尚有用也。吾所謂頗有底簟者,蓋如講著此一書,若全不依此書行,不惟無以服人,且己心亦難以安,故必略有所行,此處稍有簟底。只因原以講解爲學,而以行爲襯貼,終不免挂一漏二,即所行者亦不純熟。不如學而時習,用全副精神,身心道藝,一滚加功,進鋭不得,亦退速不得。即此爲學,即此爲行,即此爲教,舉而措之,即此爲治,真堯、舜宗子,文、周功臣,萬世之聖賢之規矩也。雖聰明如顔、賜,焉得不歎循循善誘,欲罷不能也哉!焉得不初疑爲多學而識,後乃歎性天不可聞也哉!雖退怯如冉求,安得不悦之而終成其藝也哉!倘入程、朱之門,七十子皆流於禪林,二千

---

① "被他",原作"被它";"清白",原作"清明";兩"簟",原皆作"簞";"正爲",原作"正謂"。見《朱子語類》卷一百二十四,第 556 頁。

九百人皆習爲訓詁矣。嗚呼！吾安得一聖門徒衆之末而師之也哉！”或問：“宋儒挂一漏二，所行不熟，何處見？”予曰：“如朱子著《家禮》一書，家中亦行禮，至斬喪墨衰出入，則半禮半俗，既廢正祭，乃又於俗節墨衰行事，此皆失周公本意。至於婦人，便不與著喪服杖絰之制，祭時婦人亦不辦祭殽，至求一監視而亦若不得者，此何説乎？商人尚音，周人尚臭，皆窮究陰陽之秘，祭祀之要典也。諸儒語録講薰蒿淒愴等，語亦痛切，似知鬼神情狀者，至於集禮，乃將笙磬脂膟等皆削去之，[1]如此類不可勝述。不可見哉！”

邵庵虞氏曰：“孟子没千五百年而周子出。河南兩程夫子云云，聖門學者篤信師説，各有所奮力，以張皇斯道。奈何世運衰微，民生寡佑，而亂亡隨之矣，悲夫！”[2]

許多聖賢張皇斯道下，却繼之曰：“而亂亡隨之矣。”是何緣故？何其言而不思如此！

草廬吴先生繼許文正公爲祭酒，六館諸生以次授業。晝退堂後寓舍，則執經者隨而問業。先生懇懇循循，其言明白痛切，因其才質之高下，聞見之淺深，而開導誘掖之云云。一時皆有所觀感而興起矣。嘗與人曰：“天生豪傑之士不數也。夫所謂豪傑之士，以其知之過

① “膟”，《存學編》卷三（《續修四庫全書》本，第 690 頁）原闕據《畿輔叢書》本、《顔李叢書》本補。

② “程夫子”，原作“程子”；“聖門”，原作“程門”；“云云”處省略數語；“佑”，原作“祐”。汪舜民《静軒先生文集》卷四《答程學士書》，《續修四庫全書》本（據明正德六年張鵬刻本影印），第 36 頁。

人，度越一世而超出等夷也。戰國之時，孔子之徒黨盡矣，充塞仁義若楊、墨之徒，又滔滔也。而孟子生乎其時云云。真豪傑之士哉！至於周、程、張、邵，一時迭出，非豪傑孰能與於斯？又百年，子朱子集諸子之大成，則中興之豪傑也。以紹朱子之統自任者，果有其人乎？"①

懇懇循循，講論不倦，每至夜半，且寒暑不廢，其功可謂勤且苦矣，果有益於世乎，果成起一班人材乎？至其自負，亦不過"知之過人，度越一世"而已。朱子曰："此道不拚生盡死理會終不解。"是其立志成功已不過如此。但朱子頗眼高，不肯明以自任，元儒識更下，故直出口而不覺，不足異也。所可異者，所見既小，而以爲孟子亦只如此，則亦淺之乎言豪傑，易言道統矣！

① "繼許文正公爲祭酒，六館諸生以次授業"，非原文，乃概括大意；"問業"，原作"請問"；兩處"云云"，皆省略數句；"嘗與人"後脱"書"；"真豪傑之士哉"後省略數句；"集諸子"，原作"集數子"。見《新刻性理大全書》卷四十二"諸儒四"，此文源於虞集《故翰林學士資善大夫知制誥同修國史臨川先生吴公行狀》，見《道園學古録》卷四十四。虞集原文已被胡廣重編，"嘗與"至"果有其人乎？"一段應在"草廬吴先生"之前。《道園學古録》參照《四部叢刊》本（據明景泰翻元小字本影印）。

卷四

博陵　顏元　著

性理評

程子曰："古人雖胎教與保傅之教，猶勝今日庠序、鄉黨之教。古人自幼學，耳目游處所見皆善，至長而不見異物，故易以成就。今日自少所見皆不善，纔能言，便習穢惡，日日鑠銷，更有甚天理？"①

既知少時缺習善之功，長時又習于穢惡，則爲學之要在變化其習染，而乃云"變化氣質"何也？

勿謂小兒無記性，所歷事皆能不忘。

所歷事皆不忘，乃不教之歷事，何也？

如養犬者，不欲其升堂，則時其升堂而扑之。若既

① "今日"，原作"今人"；"鑠銷"，原作"消鑠"。見《二程遺書》卷二上。

扑其升堂，又復食之於堂，則使孰從？雖日撻而求其不升，不可得也。養異類且然，而況人乎？故養正者，聖人也。

先生倡明道學，病天下之空寂而尚浮文也，乃廢周公、孔子六藝而貴靜坐讀書，不幾扑其升堂又食於堂乎？雖日撻而求其不空寂浮文，何可得也？養正之功，或不若是。

朱子曰："古者初年入小學，只是教之以事，如禮、樂、射、御、書、數及孝弟忠信之事。自十六七入大學，然後教之以理，如致知、格物及所以爲孝弟忠信者。"

既言此，何不學古人而身見之？要之，孔門稱古昔，程、朱兩門亦稱古昔，其所以稱者則不同也。孔門是身作古人，故曰"吾從周"；二先生是讓與古人，故曰"是難"。孔門講禮樂，程、朱兩門亦講禮樂，其所以講者則不同也。孔門是欲當前能此，故曰"禮樂君子不斯須去身"；二先生是僅欲人知有此，故曰"姑使知之"。

古人自入小學時，已自知許多事了；至入大學時，只要做此功夫。今人全未曾知。古人只去心上理會，至於治天下，皆自心中流出。今人只去事上理會。

朱子歎人全未曾知，恐朱子亦未知之如渴飲飢食。如所云"古人入小學已知許多事，入大學只做此功"，何其真切也！而下文"古人心上理會"，"今人事上理會"之語，又與上文自相混亂矣。

古人便都從小學中學了，所以大來都不費力，如禮、樂、射、御、書、數，大綱都學了。及至長大，也更不大段學，便只理會致知窮理功夫。而今自小失了，要補填，實是難。但須莊敬篤實，立其基本，逐事逐物，理會道理，待此通透，意誠心正了，就切身處理會，旋旋去理會禮、樂、射、御、書、數，也是合當理會的，皆是切用。但不先就切身處理會道理，便教考究得些禮文制度，又干自家身己甚事？[①]

"要補填"三字，見之大快，下却云"難"，是朱子學教之誤，其初只是畏難而苟安。

古人小學教之以事，便自養得心不知不覺自好了。到得漸長，漸更歷通達事物，將無所不能。今人既無本領，只去理會許多閑汩董，百方措置思索，反以害心。

既如此，何故説上段話？可怪，可怪！

古人自能食能言，便已教了，一歲有一歲工夫。到二十時，聖人資質已自有二三分。[②]

此周公以人治人，使天下共盡其性之道，所以聖賢接踵，太和在成周宇宙間者也。朱子知之而不學之，豈不可惜！然愚於此二段，深幸存學之不獲罪於朱子矣！

---

① "致知窮理功夫"，原作"窮理致知工夫"；"篤實"，原作"誠實"；"也是合當"前省略數句；"的"，原作"底"；"理會道理"，原作"理會得道理"。見《朱子語類》卷七，第135頁。

② "二三"，原作"三"。見《朱子語類》卷七，第135頁。

"如今全失了小學工夫,只得教人且把敬爲主,收斂身心,却方可下工夫。"或云:"敬當不得小學。"某看來,小學却未嘗得敬。①

敬字字面好看,却是隱壞于禪學處。古人教洒掃即洒掃主敬;教應對進退,即應對進退主敬;教禮、樂、射、御、書、數,即度數、音律、審固、磬控、點畫、乘除,莫不主敬。故曰"執事敬",故曰"敬其事",故曰"行篤敬",皆身心一切加功,無往非敬也。若將古人成法皆舍置,專向靜坐、收攝、徐行、緩語處言主敬,乃是以吾儒虛字面做釋氏實工夫,去道遠矣。或云"敬當不得小學",真朱子益友,惜其未能受善也。

嘗訓其子曰:"起居坐立,務要端莊,不可傾倚,恐至昏怠。出入趨步,務要凝重,不可僄輕,以害德性。以謙遜自牧,以和敬待人。凡事切須謹飭,無故不須出入。少說閒話,恐廢光陰,勿看雜書,恐分精力。早晚頻自檢點所習之業。每旬休日,將一旬內書温習數過,勿令心少有佚放,則自然漸近道理,講習易明矣。"②

先生爲學得力處,備見《訓子》一書,故詳録之。充此氣象,原有非俗儒文士所可及者,然孔門學者果如斯而已乎?是在有志實學者自辨之。

---

① "某看來",《存學編》卷四(《續修四庫全書》本,第 692 頁)作"看某來",據《朱子語類》改。見《朱子語類》卷七,第 136 頁。

② "趨步",原作"步趨";"僄輕",原作"票輕";"勿看",原作"勿觀";"佚放",原作"放佚"。見《晦庵先生朱文公文集》卷三十九《與魏應仲》,《四庫提要著録叢書》集部第 244 册,第 331 頁。

問:"《小學》載樂一段,不知今日能用得否?"曰:"姑使知之。古人自小即以樂教之,乃是人執手提誨,每到大來,涵養已就,稍能自立便可。今人既無此,非志大有所立,因何得成立!"①

孟子曰:"我知言。"蓋言者,心聲也,故一言而覘其終身,不可掩也。況朱子大儒,亦不自掩,固昭然可見者。如人問《小學》載樂不知今日能用之否,何不答曰,"書上所有都是要用,不用,載之何爲?"

而乃曰"姑使知之"。然則平日講學,亦不過使人知之而已,亦不過使人謂我知之而已。

因論小學,曰:"古者教必以樂,後世不復然。"問:"此是作樂使之聽,或其自作?"曰:"自作。若自理會不得,人作何益!古者,國君備樂,士無故不去琴瑟。日用之物,無時不備於前。"②

言之親切如此,只不肯自做主意,作後世引路人,不作前聖接迹人。豈知歷代相接,都作引路人哉!此人人說引路之言而聖人之正路益荒也。

"前賢之言,都是佩服躬行,方始有功。不可只如此

---

① "今日",原作"今人";"每到",原作"到得";"已就",原作"已成"。見《朱子語類》卷七,第136頁。

② "人作",原作"自作";"不備",原作"不列"。見《朱子語類》卷七,第136—137頁。

說過,不濟事。"①

不知是自悔語,是責人語,但將"博學之"改爲"博讀書,博作文",便不似聖門"佩服躬行"舊傳受。

朱子數則,知之真矣,而不行,何哉?

東萊吕氏曰:"教小兒先以恭謹,不輕忽,不躐等。讀書乃餘事。"②

佳。

先生輩何爲只作餘事?

臨川吴氏曰:"古之教者,子能食,而教之食;子能言,而教之言。欲其有别也,而教之異處;欲其有讓也,而教之後長,因其良知良能而導之,而未及乎讀誦也。教之数,教之方,教之日,與夫學書計,學幼儀,則既辨名物矣,而亦非事乎讀誦也。弟子之職,曰孝,曰弟,曰謹,曰信,曰愛,曰親,行之有餘力,而後學文。今世童子甫能言,不過教以讀誦而已,其視古人之教何如也!"③

草廬叙古教法,兩言非事讀誦,又曰:"今世童子,不過教以讀誦而已,其視古人之教何如也!"其言一若甚厭夫讀誦之

① "都是佩服躬行",原作"須是真個躬行佩服"。見《朱子語類》卷七,第136頁。

② "以恭謹"後乃吕祖謙語,見《東萊吕太史文集》外集卷五,《宋集珍本叢刊》本(據宋刻元明遞修本影印),第495頁。

③ "異處"前脱"以";"後長"前脱"以";"辨",原作"辯";"非事乎",原作"非事夫"。見吴澄《草廬吴先生輯粹》卷五《虞舜民禮學韻語序》,《四庫全書存目叢書》本(據嘉靖二十四年刻本影印),第525頁。

習者。五季之餘，武臣司政，民久不見儒生之治，世久不聞《詩》、《書》之聲。積廢之極而氣數一返，周、程、張、朱適逢其會，以誦讀《詩》、《書》，講解義理爲倡，又粗文以道德之行，真不啻周公、孔子復出矣。此所以一樹赤幟而四海望之，一登高呼而數世應之，嗚呼盛哉！而流不可返、壞不可救之禍，實伏於此。吴氏亦猶行宋儒之道者，而出言不覺至是，蓋誦讀之焰已熸，而舉世罔覺，又不容不露其幾也。而吾所甚懼，正在此幾也。文盛之極則必衰，文衰之返則有二：一是文衰而返于實，則天下厭文之心，必轉而爲喜實之心，乾坤蒙其福矣。達而在上，則爲三代，即窮而在下，如周末文衰，孔子轉之以實，雖救之未獲全勝，猶稍延二百年吾儒之脉。不然，焚坑之禍，豈待秦政之時哉？一是文衰而返于野，則天下厭文之心必激而爲滅文之念，吾儒與斯民淪胥以亡矣。如有宋程、朱黨僞之禁，天啓時東林之逮獄，崇禎末獻忠之焚殺，恐猶未已其禍也，而今不知此幾之何向也。《易》曰："知幾其神乎！"余曰："知幾其懼乎！"

程子曰："解義理，若一向靠書册，何由得居之安，資之深？不惟自誤，兼亦誤人。"①

真語。

古之學者，優柔饜飫，有先後次序；今之學者，却只做一場話説，務高而已。

---

①"自誤"，原作"自失"。見《二程遺書》卷十五。

知及此矣，其教及門，乃亦未見古人先後次序，不又作話説一場而已哉？

今之學者，往往以游、夏爲小，不足學；然游、夏一言一事，却總是實。

程子雖失聖門成法，而胸中所見猶實，故其言如此。朱子去此則又遠矣。

問："如何學可謂有得？"曰："大凡學問，聞之知之，皆不爲得。得者，須默識心通。學者欲有所得，須是誠意燭理。"①

程、朱言學至肯綮處，若特避六藝、六府之學者，何也？如此段言"聞之知之皆不爲得"，可謂透宗語矣。下何不云，"得者須履中蹈和，躬習實踐，深造以六藝之道，乃自得之也"？乃云"須默識心通"，不仍是知之乎？

進學莫大于致知，養心莫大于理義。古人所養處多，若聲音以養其耳，舞蹈以養其血脉；今人都無，只有義理之養，人又不知求。②

學之患莫大於以理義讓古人做。程、朱動言古人如何如何，今人都無，不思我行之即有矣。雖古制不獲盡傳，只今日可得而知者盡習行之，亦自足以養人。况因偏求全，即小推

① "可謂"後脱"之"；"須是誠意燭理"，原作"須是篤，誠意燭理。"見《二程遺書》，卷十七。
② "進學"，原作"學"；"理義"，原作"禮義"。見《二程遺書》卷十七。

大,古制亦無不可追者乎！若只憑口中所談、紙上所見、内心所思之理義養人,恐養之不深且固也。

學貴乎成。“既成矣,將以行之也。學而不能成其業,用而不能行其學,則非學矣。”①

程子論學頗實,然未行其言也。夫教者之身,即所以教也,其首傳所教者,即教者之身也。試觀程門,學成其業乎?用行其學乎?孔子攝相而魯治,冉、樊爲將而齊北。二程在朝而宋不加治,龜山就徵而金人入汴,謂之學成用行,吾不信也。

今之學者有三弊:溺於文辭,牽於訓詁,惑於異端。苟無是三者,則必求歸於聖人之道矣。②

可歎三弊誤此乾坤！先生濯洗亦未甚淨,故其流遠而益差也。向嘗謂程、朱與孔、孟各是一家,細勘之,程與朱亦各是一家。

張子曰:“在始學者,得一義須固執,從粗入精也。”又曰:“若始求甚深,恐自兹愈遠。”又曰:“但拂掃去舊日所爲,使動作皆合於禮。”③

① “既成矣”以後乃二程原文;“成其業”,原作“成其學”;“用”,原作“成”;“非學矣”,原作“烏足貴哉”。見《二程粹言》卷上,第74頁。

② “文辭”,原作“文章”;“無是三者”後脱“將安歸”;“則必求歸”,原作“必趨”。見《二程粹言》卷上,第68頁。

③ “甚深”,原作“太深”;“拂”後衍“掃”;“合於”,原作“中”。此節文字,依次出自《張子全書》卷七、卷六、卷五。

張子以禮爲重,習而行之以爲教,便加宋儒一等。

既學而有先以功業爲意者,于學便相害;既有意,便穿鑿創意作起事也。德未成而先以功業爲事,是代大匠斫,希不傷手也。①

所學既失其宗,又將古人成法説壞。試觀《大學》之道,纔言"明德",即言"親民",焉得云無意于功業?且入學即是要作大匠,烏得謂之"代大匠斫"!僕教幼學道藝,或阻之曰:"不可,今世不如此。"予曰:"但抱書入學,便是作轉世人,不是作世轉人。但不可有者,躁進干禄、非位謀政之心耳。"

上蔡謝氏曰:"學須是熟講,學不講,用盡工夫只是舊時人。'學之不講,是吾憂也'。仁亦在夫熟而已。"

子云"學之不講",是博學矣,又當審問、慎思、明辨以講之。若非已學,將執何者以講乎?今徒講而不學,誤矣!

顔子工夫,真百世規範,舍是更無入路,無住宅。②

極是!

龜山楊氏曰:"今之學者,只爲不知爲學之方,又不知學成要何用。此事體大,須是曾著力來,方知不易。夫學者,學聖賢之所爲也云云。若是只要博通古今,爲

① "有先",原作"先有";"便"原作"必"。見《張子全書》卷六。
② "是更",原作"此應"。見胡廣《新刻性理大全書》卷四十三"學一"。

文章，作忠信愿慤，不爲非義之士而已，則古來如此等人不少，然以爲聞道則不可。且如東漢之衰，處士逸人與名節之士，有聞當世者多矣；觀其所處，責之以古聖賢之道，則略無毫髮仿佛相似。何也？以彼於道初無所聞故也。今時學者，平居則曰'吾當爲古人之所爲'，纔有一事到手，便措置不得。蓋其學以博通古今、爲文章、或志於忠信愿慤，不爲非義而已，不知須是聞道。"①

諸先生自負聞道矣。愚以爲責之以古聖賢之道，亦未盡仿佛也。即如先生當汴京垂亡之際，輕身一出，其所措置，徒見削奪荆公配饗，説道學話而已。

驗之於心而不然，施之於行事而不順，則非所謂經義也。今之治經者，爲無用之文，徼倖科名而已，果何益哉？

僕謂爲學者與此較則陋矣，何不與堯、舜、伊、周、孔、孟較？

學而不求諸孔、孟之言，亦未矣。《易》曰："君子多識前言往行，以畜其德。"孟子曰："博學而詳説之，將以反説約也。"

多識自不可廢。博學乃只多讀書乎？

---

① "云云"處，省略數字；"若"後衍"是"；"逸人與"後脱"夫"；"所處"，原作"作處"；"纔有"後衍"一"字；"蓋其"後脱"所"；"不知"，原作"而不知"。見楊時《龜山先生集》卷十二，《宋集珍本叢刊》本（據明萬曆十九年林熙春刻本影印），第386—387頁。

顔淵"請問其目",學也;"請事斯語",則學矣。學而不習,徒學也。譬之學射而至于彀,則知所學矣;若夫承挺而目不瞬,貫蝨而縣不絶,由是而求盡其妙,非習不能也。①

顔子"請問",亦仍是問,未可謂之學;"請事斯語",學也;"欲罷不能,進而不止",乃習矣。龜山一字之誤,未爲甚差。但説學必宜習之理最透,而未見其習者,無他,習其所習,非孔門所謂習也。

延平李氏曰:"學問之道不在多言,但默坐澄心,體認天理,若真有所見,雖一毫私欲之發亦退聽矣。久久用力於此,庶幾漸明,講學始有力耳。"②

試觀孔、孟曾有"静坐澄心,體認天理"等語否?然吾亦非謂全屏此功也。若不失周、孔六藝之學,即用此功於無事時亦無妨。但專用力於此,以爲學問根本,而又以講説爲枝葉,則全誤矣。

孔門諸子,群居終日,交相磋切,又得夫子爲之依歸,日用之之間,觀感而化者多矣;恐於融釋而脱落處,非言説所及也。不然,子貢何以言"夫子之言性與天道,不可得而聞也"耶?

---

① "則學",原作"則習";"至于",原作"志于"。見胡廣《新刻性理大全書》卷四十三"學一"。

② "若"字後衍"真有所"。見《晦庵先生朱文公文集》卷九十七《延平先生李公行狀》。

何不思孔門群居終日是作何事？何不思“性天不可聞”是何主意？乃動思過子貢以上耶！以孔子之道律之，恐有宋諸先生不免爲“智者過之”一流。

朱子曰：“今之爲學甚難，緣小學無人習得。如今却是從頭起。古人于小學小事中，便皆存個大學大事得道理在。大學只是推將開闊去。向來小時做得道理存其中，正似一個坯素相似。”

余謂何難之有，只不爲耳。即將藝之小者令子弟之幼者習之，藝之大者令子弟之長者習之，此是整飭身體，涵養性情實務。正心誠意非精，府修事和非粗。乃諸先生只懸空說存養而不躬習其事，却說難，却說今日小學全失，無人習。如此而言格致誠正修齊治平，皆虛而無據矣。然則豈惟小學廢，大學不亦亡乎？而乃集《小學》也，注《大學》也，何爲也哉！

讀書如煉丹，初時烈火煅煞，然後漸漸慢火養。又如煮物，初時烈火煮了，却須慢火養。讀書初勤敏著力，子細窮究，後來却須緩緩温尋，反復玩味，道理自出。又不得貪多欲速，直須要熟，工夫自熟中出。

朱子論學只是論讀書，但他處多入“理會道理”、“窮理致知”等字面，不肯如此分明說。試看此處直言之如此十分精彩，十分有味，蓋由其得力全在此也。夫讀書乃學中之一事，何爲全副精神用在簡策乎！

學者只是不爲己，故日間此心安頓在義理上時少，安頓在閒事上時多,於義理却生,於閒事却熟。

只因廢失六藝,無以習熟義理,不由人不習熟閒事也。今若一復孔門之舊,不惟好色好貨一切私欲無從參,博弈詩酒等自不爲,即誦讀、訓詁、著述、文字等事亦自無暇。蓋聖人知人不習義理便習閒事,所以就義理作用處制爲六藝,使人日習熟之。若只在書本上覓義理,雖亦羈縻此心,不思別事,但放却書本,即無理會。若直靜坐,勁使此心熟于義理,又是甚難,況亦依舊無用也。

或問:"爲學如何做工夫?"曰:"不過是切己,便的當。此事自有大綱,亦有節目云云。然亦須各有倫序。"問:"如何是倫序?"曰:"不是安排此一件爲先,此一件爲後,此一件爲大,此一件爲小。隨人所爲,先其易者,闕其難者,將來難者亦自可理會。且如讀書,三禮、《春秋》有制度之難明,末本之難見,且放下未要理會,亦得。如《詩》、《書》,直是不可不先理會云云。聖賢言語,何曾誤天下後世,人自學不至耳。"①

或問"爲學如何做工夫",又問"如何是倫序",皆最切之問。朱子乃只左支右吾,説皮面語。大綱節目數語,尚可敷衍;至於"不是安排此一件爲先,此一件爲後,此一件爲大,此一件爲小",便是糊混。夫古人教法,某年舞勺,某年舞象,某年習幼儀,某年學禮,何嘗不是安排一定,孰先孰後,孰大孰小哉!"知所先後",《大學》又明言之矣。糊混幾句已,又説

① 兩"云云",皆略數句;"三禮",原作"二禮";"末本",原作"本末";"《詩》、《書》",原作"《書》、《詩》"。見《朱子語類》卷八,第141—142頁。

歸讀書，讀書又不教人理會制度等事，姑教避難取易。夫理會制度，已畏其難矣，況取其所謂制度者而身習之，身精之乎？此等語若出他人口，朱子必灼見其弊而力非之。師望既高，信口説去，不自覺如此，却説“聖賢言語，何曾誤天下後世”。夫聖賢言語，誰曾道誤天下後世？其誤天下後世者，乃是不從聖賢言語耳。夫“學而時習之”，是魯《論》第一言，尚且不從，況其餘乎？

嘗閲《左傳》，至簡子鑄刑鼎，孔子嘆曰：“晋其亡乎，失其度矣！”以爲晋之亡在任刑威耳。而下文乃曰：“民在鼎矣，何以尊貴？貴何業之守？”蓋其失不在刑書，而在鑄刑書于鼎。夫法度操于人，則民知範吾功罪者，吾上也；司吾生死者，吾上也；時而出入輕重以爲平允者，皆吾上也。天下凜王，一國凜君，一獄凜吏。[1] 士農工商罔敢愆於職中、逸於職外者，惟吾上是神是嚴也。而上下定矣，貴賤辨矣，賢德彰矣。今銘在鼎，則國人必將以鼎爲依據，而不知受法於天者王，守法者君，序守者卿大夫百執事，是使之忽人而重鼎。民不見所尊，必將不遵其度，不遵其度，必不守其業，故曰“何以尊貴，何業之守”也。貴賤無序，何以爲國？嗟乎！簡子但以刑書鑄於鼎，而孔子知其亡，況漢、宋之儒全以道法摹於書，至使天下不知尊人，不尚德，不貴才，而曰“宰相必用讀書人”，不幾以守鼎吏爲政乎？其所亡又豈止一晋乎？是以至此極也。非孔子至聖，孰能見鑄鼎之弊乎？吾願天下急思孔子之言，吾願上天急生孔子之人也。

---

① 三“凜”字，光緒二十五年鈔本《存學編》卷四皆作“懔”（第698頁）。

存治编

序

唐、虞、三代復見於今日乎？吾不得而知也；唐、虞、三代不復見於今日乎？吾不得而知也。謂復見於今，則漢、唐、宋、明以來政術風俗奚爲而日降？謂不復見於今，彼古聖賢之所謂“人定勝天”、“挽回氣運”者果何物哉？宜吾習齋先生俯仰而三嘆也！

七制而後，古法漸湮，至於宋、明，徒文具耳，一切教養之政不及古帝王；而其最堪搤腕者，尤在於兵專而弱，士腐而靡，二者之弊，不知其所底。以天下之大，士馬之衆，有一強寇猝發，輒魚爛瓦解，不可收拾。黄巢之起，洗物洶城；李自成、張獻忠如霜風殺草，無當其鋒者，官軍西出，賊已東趨川、陝、楚、豫，至于數百里人煙斷絶。三代田賦出甲，民皆習兵，雖承平日久，禍起倉卒，亦斷不至如此其慘也。士子平居誦詩書，工揣摩，閉户傷首，如婦人女子；一旦出仕，兵刑錢穀，渺不知爲何物，曾俗吏之不如，尚望其長民輔世耶？三物賓興之世，學即所用，用即所學，雖流弊不至於此，又何怪乎先生之俯仰而三嘆也！

先生自幼而壯，孤苦備嘗，隻身幾無棲泊；而心血屏營，則無一刻不流注民物，每酒闌燈灺，抵掌天下事，輒浩歌泣下。一日，與塨語，胞與淋漓，塨不覺亦墮淚。先生躍起曰：

“此仁心也，吾道可傳矣！”是以比年從游，勤有啓示。塨因得粗知其略，以爲賢君相用之自有潤澤，而大綱所在，足爲萬世開太平者，則百慮不易也。使先生蚤有爲于世，唐、虞、三代于于然而來也，寧不快甚！乃今雙鬢頒白，尚托空言，豈天未欲治平耶，抑將用之于衰老時耶，亦使先生開其端，而更待夫後人耶？吾復不能知之矣。

康熙二十八年己巳，孟夏吉旦，蠡吾門人李塨頓首拜撰。①

---

① 此序，《恕谷後集》未收録；自“唐、虞、三代”至“三嘆也”，見《李恕谷先生年譜》，第 24 頁。康熙刻本此下原有“存治編目”，爲避免重複，今將此目移入脚注：

存治編目

卷全

王道　井田　經界圖　經界圖説　方百里圖　方百里圖説

治賦　八陣圖説　學校附選舉二則　封建　宫刑　濟時　重徵舉靖異端

思古人　著

王道

昔張橫渠對神宗曰："爲治不法三代，終苟道也。"然欲法三代，宜何如哉？井田、封建、學校，皆斟酌復之，則無一民一物之不得其所，是之謂王道。不然者不治。

井田

或問於思古人曰:“井田之不宜于世也久矣,子之《存治》,尚何執乎?曰:噫,此千餘載民之所以不被王澤也!夫言不宜者,類謂亟奪富民田,或謂人衆而地寡耳。豈不思天地間田宜天地間人共享之,若順彼富民之心,即盡萬人之産而給一人,所不厭也。王道之順人情,固如是乎?況一人而數十百頃,或數十百人而不一頃,爲父母者,使一子富而諸子貧,可乎?

又或者謂畫田生亂。無論至公服人,情自輯也;即以勢論之,國朝之圈占,幾半京輔,誰與爲亂者?

且古之民四,而農以一養其三,今之民十,而農以一養其九;未聞墜粟於天,食土於地,而民亦不飢死,豈盡人耕之而反不足乎?雖使人餘於田,即減頃而十,減十而畝,吾知其工糞倍精,用自饒也;況今荒廢至十之二三,墾而井之,移流離無告之民,給牛種而耕焉,田自更餘耳。故吾每取一縣,約其田丁,知相稱也。嘗妄爲圖以明之。

所慮者,溝洫之制,經界之法,不獲盡傳。北地土散,恒恐損溝,意夏禹盡力溝洫,必有磚炭砌塗之法。高低墳邑,不便均畫。然因時而措,觸類而通,在乎人耳。溝無定而主乎水,可溝則溝,不可則否;井無定而主乎地,可井則井,不可則均。至阡陌廬舍,古雖有之,今但可植分草以代阡陌,爲窩鋪以代廬舍，横各井一路以便田車，中十井一房，以待田畯可也。

有聖君者出，推此意而行之，搜先儒之格議，盡當代之人謀，加嚴乎經界之際，垂意於釐成之時，意斯日也，孟子所謂“百姓親睦”，咸於此徵焉。游頑有歸，而士愛心臧，不安本分者無之，爲盜賊者無之，爲乞丐者無之，以富淩貧者無之，學校未興，已養而兼教矣。休哉，蕩蕩乎！故吾謂教以濟養，養

方一里圖：畫界一小區，方十步，每行長算十里，共三百六十里，該十二萬九千六百步，合五百四十令畝。

井田經界圖說①

---

① 此圖取自《畿輔叢書》，較《續修四庫全書》中所依據的康熙刻本清晰；然圖略有差異，康熙刻本“田路”無隔綫。特此説明。又，四存學會印《顔李叢書》所收圖同《畿輔叢書》。

以行教，教者養也，養者教也，非是謂與？

孟子云："方里而井，井九百畝。"吾所以明井制必明里制也。周制，三百步爲一里，百步爲一畝，六尺爲一步，每步長今步一尺，則三百步爲里者，即今三百六十步之數也。然考之文，問之獻，又多異説，且謂周尺僅今七寸强。要之，不若即以今里、今畝、今步尺爲準爲甚明，且亦夫子從周之義也。以今里推之，方里之地，合該十二萬九千六百步。周之九百畝，當今五百四十畝今二百四十步爲畝，每區六十畝，内公外私。若田饒處，除公田内六畝給八家爲場圃、廬舍，田窄給三畝爲寓鋪，其地亦可桑。又通各井兩端爲田車之路，宜縱者縱，宜横者横，隨邑人出入之便。十里一房，以處田畯。不云

方百里圖

四面皆百里，伯國之封地也。

方百里圖説

廳堂者，蓋田畯宜游井以勸，此直暫息，不成其所也。

公侯皆方百里，古也，何必圖？以古制久湮，人輒謂田少，故圖之以示田足也。一區方十里，當百井，一行方十里者十，當千井，共該一萬井也。即除墳邑、山川、林路，約天下之大勢，或有山川或無山川者增補言之，各百里内亦不減八千井，一井八家，共該六萬四千家。吾知百里内之人民，去二十以下及六十以上者，亦不過六七萬丁而已，即或人浮于田，一區二夫，一夫受二十七畝，亦足用也。又就《孟子注》徐氏所識田禄推之，大國之君取三百二十井，卿取三十二井，大夫八，上士四，中士二，下士一，共該三百六十七井，侯庶宗支之禄，亦如之，或倍之；宰長、佐役等禄，宗廟、宴會、交鄰、恤弱、優賓、禮賢、撫幼、養老、柔旅、勸工、補春、助秋等事，[①]或亦倍之，或數倍之，約不過八千井之半，[②]而用足矣。餘則别貯，名曰工倉，諸侯不得擅開；王巡則以補助慶功，大凶則侯請以賑，三歲一散陳。又，十井一長，百井一百長，千井一千長，二千井一邑宰，一佐士。宰禄視大夫，佐士視上士，千長視中士，百長視下士，十長無禄。此方百里之大率也。天子之千里，侯之五十里，俱可推知，第王臣之禄重耳。

---

① 本書底本《存治編》(《續修四庫全書》本)第 4 頁作“共該三百九十井，侯庶宗支之禄，亦如之，或倍之；宰長、佐役等禄，宗廟、宴會、交鄰、恤弱、優賓、禮賢、撫幼、養老、柔旅、勸工、補春、助秋等事。”《畿輔叢書》本、《顔李叢書》本作“共該三百六十七井。推之大國三卿、五下大夫、二十七上士、他官府史悉計之；交鄰、宗廟、優賓、禮賢、撫幼、養老、柔旅、勸工、補春、助秋等事。”“三百九十井”當作“三百六十七井”，據《畿輔叢書》本、《顔李叢書》本改。

② “或亦倍之，或數倍之，約不過八千井之半”，《畿輔叢書》本、《顔李叢書》本作“以及邑宰庶人在官，約不至八千井”。

治賦

慨自兵農分而中國弱，雖唐有府兵，明有衛制，固欲一之。迨於其衰，頂名應雙，皆乞丐、滑棍，或一人而買數糧，支點食銀，人人皆兵，臨陣遇敵，萬人皆散。嗚呼！可謂無兵矣，豈止分之云乎？即其盛時，明君賢將理之有法，亦用之一時，非久道也。況兵將不相習，威令所攝，其爲忠勇幾何哉？

間論王道，見古聖人之精意良法，萬善皆備。一學校也，教文即以教武；一井田也，治農即以治兵。故井取乎八而陳亦取乎八。考之他書，類謂其法創自黄帝，備於成周，而以孔明之八陳實祖之。但帝王之成法既不可見，武侯之遺意又不得其傳，後世亦焉得享其用哉？

竊不自揣，覺於井田法略有一得，敢詳其治賦之要有九，治賦之便有九：

一曰預養。饑驥而責千里則愚。上宜菲供膳，薄税斂，汰冗費，以足民食。一曰預服。嬰兒而役賁、育則怒。井之賢者爲什，什之賢者爲長，長之賢者爲將，以平民情。一曰預教。簡師儒，申孝弟，崇忠義，以保民情。一曰預練。農隙之時，聚之於場。時，宰士一較射藝；月，千長一較；十日，百長一較；同井習之不時。一曰利兵。甲胄、弓刃精利者，官賞其半直；較藝賢者，慶以器。一曰養馬。每井馬二，公養之，彷北塞喂法。操則習射,閒則便老行,或十百長有役乘之。一曰治衛。每十長,一牌刀率之於前,九人翼之於後。器戰之法具《紀效新書》。一曰備羡。八家之中,四騎四步。供役不過各二人。餘則爲羡卒,以備病、傷或居守。一曰體民心。親老無靠不卒;老弱不卒。出戍給耕,不稅;傷還給耕,不稅。死者官葬。九者,治賦之要也。

一曰素練。隴畝皆陳法,民恒習之,不待教而知矣。一曰親卒。同鄉之人,童友日處,聲氣相喻,情義相結,可共生死。一曰忠上。邑宰、千百長,無事則教農、教禮、教藝,爲之父母,有事則執旗、執鼓、執劍,爲之將帥。其孰不親上死長?一曰無兵耗。有事則兵,無事則民,月糧不之費矣。一曰應卒難。突然有事,隨地即兵,無徵救求援之待。一曰安業。無逃亡反散之虞。一曰齊勇。無老弱頂替之弊。一曰靖奸。無招募異域無憑之疑。一曰輯侯。無專擁重兵要上之患。九者,治賦之便也。

至於陳法,八千長率之於前;四邑將督之於後。左戰而右翼之,則左正而右奇;右戰而左翼之,則右正而左奇。前後之相應,内外之相接,無非前,無非後,無非左,無非右,無非正,無非奇,如循環,如鬼神,如天地。分張之,可圍敵之弱,合沖之,可破敵之堅;敵攻之不可入,入之不可出;居則爲營,戰則爲陳;亦烏可測其端,烏可窮其用也哉?

八陳圖説圖失

古伯國三萬二千全軍之陳也。綱目皆井形,表圓象天,裏方象地,中軍象太極,四角象四象,八陳象八卦,旗幟五色象五行。南方火則旗紅。左旗鑲青者,以火之於木相從也。

青宜鑲黑，而白之者，取易辨之也。黑宜白，而紅之者，別於青也。凡千長所率二千卒。每百長一小旗，從其將旗，中必異色，書長姓，姓同書字。四邑將皆繡絨旗，又各備一方綉旗。一面當敵，則二邑督四路之兵；如四面當敵，則佐士與邑將分督八路之兵。一面當敵，左右者應之，餘則皆否。如"天鳥"出戰，"雲虎"即爲兩翼，"風龍"、"地蛇"各安其位是也。戰者戰而守者守，如八表皆戰，而八裏不動是也。下此而萬六千，或三千二百，或一千六百，神而明之，在乎人耳。

學校

或問於思古人曰：自漢高致牢闕里，歷代優意黌宫，建教訓之官，有卧碑之設，何嘗不存心學校也？似不待子計矣。思古人曰：嗟乎！學校之廢久矣！考夏學曰“校”，教民之義也。今猶有教民者乎？商學曰“序”，習射之義也。今猶有習射者乎？周學曰“庠”，養老之義也。今猶有養老者乎？

且學所以明倫耳。故古之小學教以灑掃應對進退之節，大學教以格致誠正之功，修齊治平之務，民舍是無以學，師舍是無以教，君相舍是無以治也。迨於魏、晋，學政不修，唐、宋詩文是尚。其毒流至今日，國家之取士者，文字而已，賢宰師之勸課者，文字而已，父兄之提示，朋友之切磋，亦文字而已，不則曰“詩”，已爲餘事矣。求天下之治，又烏可得哉？

有國者誠痛洗數代之陋，用奮帝王之猷，俾家有塾，黨有庠，州有序，國有學，浮文是戒，實行是崇，使天下群知所向，則人材輩出，而大法行，而天下平矣。故人才王道爲相生。倘仍舊習，將朴鈍者終歸無用，精力困於紙筆；聰明者逞其才華，《詩》、《書》反資寇糧。無惑乎家讀堯、舜、孔、孟之書，而風俗愈壞；代有崇儒重道之名，而真才不出也。可勝嘆哉！

《周禮·大司徒》：“以鄉三物教萬民，而賓興之。一曰六德，知、仁、聖、義、忠、和。二曰六行，孝、友、睦、婣、任、恤。

三曰六藝,禮、樂、射、御、書、數。"

鄉大夫:"三年則大比,考其德行道藝,而興賢者能者。鄉老及鄉大夫帥其吏,與其衆寡,以禮禮賓之。厥明,鄉老及鄉大夫群吏,獻賢能之書於王,王拜受之,登於天府,内史貳之。"書其副本。

丘氏曰:"成周盛時,用鄉舉里選之法以取士。二十五家爲閭,閭有胥;閭胥則書其敬、敏、任、恤者。百家爲族,族有師;族師則書其孝、弟、睦、婣、有學者。五百家爲黨,黨有正;黨正則書其德行、道藝。二千五百家爲州,州有長;州長則考其德行、道藝而勸之。萬二千五百家爲鄉,鄉有大夫;則三年大比,考其果有六德、六行而爲賢,通夫六藝之道而爲能,則是能遵大司徒之教而成材矣。於是鄉老及鄉大夫帥胥、師、正、長之屬,合閭、族、州、黨之人,行鄉飲之禮,用賓客之儀以興舉之,書其氏名於簡册之中,獻其所書於天府之上。天子拜而受之,以賢才之生,乃上天所遺,以培植國家元氣者也。"①

《王制》:"命鄉論秀士,升之司徒,曰選士。司徒論選士之秀者,而升之學,曰俊士。升於司徒者,不征於鄉;升於學者,不征於司徒,曰造士。大樂正論造士之秀者,以告於王而升諸司馬,曰進士。司馬辨論官材,論進士之賢者,以告於王,而定其論。論定,然後官之;任官,然後爵之;位定,然後禄之。"②

---

① "以取士"后略去數句;"三年大比"前脱"於";"天府之上"后略去數句;"天子拜而受之,以"非原文,乃概括大意。見丘濬《大學衍義補》,卷九,明刻本。

② "曰造士"後省略數句,見鄭玄注,孔穎達疏《禮記正義》卷十三,阮元校刻《十三經注疏》本,第1342—1343頁。

封建

或問於思古人曰：世風遞下，人心日澆，以公治之而害伏，以誠御之而奸出。是以漢之大封同姓，亦成周伯叔諸姬之意，而轉目已成反畔；唐之優權藩鎮，僅古人甥舅伯侯之似，而李社即以敗亡。故宋鼎既定，盞酒以散勳臣；明運方興，亦世官而酬汗馬。非故惜茅土也，①誠以小則不足藩維，大則適養跋扈，封建之難也。子何道以處之，可使得宜乎？

思古人曰：善哉問！此不可以空言論也。先王遺典，封建無單舉之理，大經大法畢著咸張，則禮樂教化自能潛消反側，綱紀名分皆可預杜驕奢，而又經理周密。師古之意，不必襲古之迹。

使十侯而一伯。侯五十里，一卿，二大夫，三士；卿，天子命之。伯百里，一卿，三大夫，六士；卿與上大夫亦天子命之。侯畜馬二十五，甲士與稱；伯畜馬五十，甲士亦稱，有命乃起田卒焉；邊侯、伯，士馬皆倍其畜，有事乃起田卒焉。侯庶不世爵禄，視其臣而以親爲差；侯臣不世邑采，取公田而以位計數；伯師不私出，列侯不私會。如此者，有事則一伯所掌二十萬之師，足以藩維，無事而所畜士馬不足併犯。封建亦何患

① "茅土"，原作"茅上"，誤。

之有？況三代建侯之善，必有博古君子能傳之者，用時又必有達務王佐能因而潤澤者，豈余之寡陋所能悉哉！第妄謂非封建不能盡天下人民之治，盡天下人材之用爾。

後世人臣不敢建言封建，人主亦樂其自私天下也，又幸郡縣易制也，而甘於孤立，使生民社稷交受其禍，亂亡而不悔，可謂愚矣。如六國之勢，識者嘗言韓、魏、趙爲燕、齊、楚之藩蔽，嬴氏蠶食，楚、齊、燕絶不之救，是自壞其藩蔽也。侯國且如此，以天下共主，可無藩蔽耶？層層厚護，寧不更佳耶？《板》之詩云："大邦維屏，宗子維城。無俾城壞，無獨斯畏。"①道盡建侯之利，不建侯之害矣。如農家度日，其大鄉多鄰而我處其中之爲安乎，抑吞鄰滅比而孤棲一墓之爲安乎？

況此乾坤，乃自堯、舜、夏、商、周諸聖君、聖相開物成務，遞爲締造而成者也；人主享有成業，而顧使諸聖人子孫無尺寸之土，魂靈無血食之嗣，天道其能容耶？身爲天子，皆其歷世祖功宗德，上邀天眷；顧不能覃恩九族，大封同姓，而僅僅一支私其富貴，宗廟其無怨恫耶？創興之際，攀龍附鳳，或運帷幄，或功汗馬，主臣同憂勞，共生死；一旦大業既成，不與之承天分地，爲山河帶礪之盟，勳舊其何勸耶？

凡諸大義皆不遑恤，而君不主，臣不贊，絶意封建者，不過見夏、商之亡於諸侯與漢七國、唐藩鎮之禍而忌言之耳。殊不知三代以封建而亡，正以封建而久；漢、唐受分封藩鎮之害，亦獲分封藩鎮之利。使非封建，三代亦烏能享國至二千歲耶？夏以有仍再造，商有西伯率叛服殷，周則桓、文主盟尊王，周、召共和不亂。四百也，六百也，八百也，遞漸益長，是

① "大邦維屏"下，原脱"大宗維翰，懷德維寧"。

皆服衛疊疊，星環棋布，隱攝海外之覬覦，秘鎮朝闕之奸回，有以輔引王家天祚也；以視後日之一敗塗地，歷數日短者，封建亦何負人國哉？

即以三代敗亡論，受命者猶然我先王之股肱甥舅也，列辟無恙，三恪世修，失天下者仍以一國封之，是五帝、三王有數百年之天下，而仍有千萬年不亡之國也。使各修天子禮樂，事則膰之，喪則拜之，客而不臣，是五帝、三王有千萬年不亡之國，即有千萬年不降之帝王也。猗歟休哉！守此不替，有天下者誰不胥受其福乎？

且君非桀、紂，誰敢犯天下共主，來天下之兵耶？侯非湯、武，誰能合千八百國而爲之王耶？君非桀、紂，其亡難也；侯非湯、武，王之難也，故久而後失之也。即君果桀、紂而侯果湯、武矣，本國之積倉自足供輜重，無俟掠人箱囷，炊人梁棟也；一心之虎賁從王之與國，自足以奉天伐暴，無俟挾虜丁壯，因而淫擕婦女也；南巢牧野，一戰而天命有歸，無俟於數年數十年之兵爭而處處戰場也；耕者不變而市者不止，不至於行人斷絶而百里無烟火也；王畿鼎革，而天下猶有君，不至於聞京城失守而舉世分崩，千百成群，自相屠搶，歷數年不能定也；王者綏定萬邦而屢有豐年，不至於耕種盡廢，九有蕩然，上干天和，水旱相仍，歷三二世不能復也。蓋民生天地，咸沐封建之澤，無問興亡，皆異於後世如此。

而秦人任智力以自雄，收萬方以自私，敢於變百聖之大法，自速其年世，以遺生民氣運世世無窮之大禍，祖龍之罪，上通於天矣。文人如柳子厚者，乃反爲“公天下自秦始”之論，是又與於不仁之甚者也，可勝嘆哉！

宫刑

或有問於思古人曰：昔漢除宫刑，百世稱其仁。子言王道亦既詳矣，乃並微聞宫刑亦當復，無以法不嚴則易犯，故峻其法以仁斯民乎？

思古人曰：否，不然也。夫謂法不嚴則易犯，暴君酷吏假辭以飾其惡耳。吾所謂復古刑者，第以宫壼之不可無婦寺，勢也，即理也。倘復封建，則天下之君所需婦寺愈多，而皆以無罪之人當之，胡忍哉！且漢之除宫刑，仁而愚者也。漢能除婦寺哉？能除萬世之婦寺哉？不能除婦寺而除宫刑，是不忍宫有罪之人而忍宫無罪之人矣。

説者又謂刷童男女，不於民間，惟以官買，則是任民之願。嗟乎，狙民甚矣！小民何知？惟知利耳，以利誘民而宫之，豈天爲民立君之意哉？今之貪利爲盜者，惡自民也，上且誅之；若因民之貪，誘而宫之，惡自君矣。可勝慨哉！故封建必復宫刑，不封建亦必復宫刑也。惟願爲政者慎用之耳。至肉刑之五，墨、辟今猶用之，劓、剕二刑不復可也。

濟時

或曰:若子之言,非王政必不足治天下。顧漢末非行王道時也,孔明何以出?唐葉無行王道事也,鄴侯何以相?是必有濟時之策矣。況王政非十年經理,十年聚養,十年浹洽,不能舉也。倘遇明王賢相,不忍斯民之水火,欲急起拯之,而人材未集,時勢未可,將舍此無道。則所謂大用之而大效,小用之而小效者,又何説也?

思古人曰:王道無小大,用之者小大之耳。爲今計,莫要於九典、五德矣。除制藝,重徵舉,均田畝,重農事,徵本色,輕賦税,時工役,靜異端,選師儒,是謂九典也。躬勤儉,遠聲色,禮相臣,慎選司,逐佞人,是謂五德也。爲之君者,充五德之行,爲九典之施,庶亦駕文、景而上之矣。然不體聖學,舉聖法,究非所以致位育,追唐虞也。是在爲君者。

重徵舉

嘗讀禮“聘則爲妻，奔則爲妾”，所以崇禮義，養廉恥也。故女無行媒不相知名，士不爲臣不見。成湯之於伊尹也，三聘莘野；文王之於吕尚也，載旋渭濱。下至衰世，猶有光武就見之子陵，昭烈屢顧之諸葛。如四子者固有以自重，抑其君知所以重之也。近自唐、宋，試之以詩，弄之以文，上輒曰選士，曰較士，曰恩額，曰賜第；士則曰赴考，曰赴科，曰赴選。縣而府，府而京，學而鄉，鄉而會。其間問先，察貌，索結，登年，巡視，搜檢，解衣，跣足，而名而應，挫辱不可殫言。嗚呼！奴之耶，盜之耶？無論庸庸輩不足有爲，即有一二傑士，迨於出仕，氣喪八九矣，宜道義自好者不屑就也。

而更異其以文取士也。夫言自學問中來者，尚謂“有言不必有德”，況今之制藝，遞相襲竊，通不知梅棗，便自言酸甜。不特士以此欺人，取士者亦以自欺，彼卿相皆從此孔穿過，豈不見考試之喪氣，浮文之無用乎？顧甘以此誣天下也。觀之宋、明，深可悲矣。

竊嘗謀所以代之，莫若古鄉舉里選之法。仿明舊制，鄉置三老人，勸農，平事，正風，六年一舉，縣方一人。如東則東方之三老，視德可敦俗、才堪涖政者，公議舉之，狀簽“某某深知其才德”，兼以事實之，縣令即以幣車迎爲六事佐賓吏人。

供用三載,經縣令之親試,百姓之實徵,老人復躋堂言曰“某誠賢”,則令薦之府,呈簽“某令深知其才德”,亦兼以事實之,則守以禮徵至。其有顯德懋功者,即薦之公朝,餘仍留爲佐賓三載,經府守之親試,州縣之實徵,諸縣令集府言曰“某誠賢”,則府守薦之朝廷,呈簽“某守深知其才德”,亦兼以事實之,則命禮官弓旌、車馬徵至京。其有顯德懋功者,即因才德受職不次,餘仍留部辦事,親試之三載。凡经兩舉,用不及者,許自辭歸進學。老人、令、守,薦賢者受上賞,薦奸者受上罰,則公論所結,私托不行矣。九載所驗,賢否得真矣。即有一二勉強爲善,盜竊聲譽者,焉能九載不變哉?況九載之間,必重自檢飭,即品行未粹者,亦養而可用矣。爲政者復能久任,考最于九載、十二載或十七八載之後,國家不獲真才,天下不被實惠者,未之有也。

靖異端

古之善靖異端者，莫如孟子；古之善言靖異端者，莫如韓子。韓子之言曰："人其人，火其書，明先王之道以教之。"①善哉，三言盡之矣！

愚嘗取而詳推之。目前耕耘，皆三代之赤子，第自明帝作俑，無恥之民從而效尤，妄談禍福，侈説仙神，枝連蔓長，焚香講道者遂紛紛，其實猶然中國之民也，一旦收爲左道之誅，豈不哀哉？

考古謀今，靖之者有九：一曰絶由，四邊戒異色人，不許入中國。二曰去依，令天下毁妖像，禁淫祠。三曰安業，令僧道、尼姑以年相配，不足者以妓繼之，俱還族。不能者各入地籍，許鬻寺觀瓦木，以易宅舍；給香火地或逃户地，使有恒産。幼者還族，老而無告者入養濟院，夷人仍縱之去，皆所謂"人其人"也。四曰清蘖，有爲異言惑衆者誅。五曰防後，有竄佛老等經卷一卷者誅，獻一卷者賞十兩，訐竄者賞五十兩。六曰杜源，令碩儒多著闢異之書，深明彼道之妄，皆所謂"火其書"也。七曰化尤，取向之名僧長道，令近正儒受教。八曰易

① "火其書"後脱"廬其居"；"教之"，原作"道之"。見韓愈《昌黎先生集》卷十一《原道》，《四庫提要著録叢書》本（據宋咸淳廖氏世綵堂刻本影印），第 204 頁。

正，人給四書、《曲禮》、《少儀》、《内則》、《孝經》等，使朝夕誦讀。九曰明法，既反正之後，察其孝行或廉義者，旌表顯揚之，察其愚頑不悟者，責罰誅戮之，皆所謂“明先王之道以教之”也。

如此，则群黎不邪慝，家户有倫理。男女無抑鬱之氣，而天地以和；兆姓無絶嗣之慘，而生齒以廣。徵休召祥，蔑有極矣。且儉土木之浪费，杜盗亡之窩巢，驅游手之舞恥，絶張角等之根苗，風淑俗美，仁昌義明，其益不可殫計，有國者何憚而不靖異端哉？若惑於禍福之説，則前鑑固甚明也。

書後

先生《三存編》,《存性》、《存學》皆悟聖學後著,獨《存治》在前,乃壯歲守宋儒學時所作也。當是時,仁心布濩,身任民物之重已如是,其得聖道也蓋有由矣。

塨從游後,聞而悦之,著《瘳忘編》以廣其條件。張鵬舉文升著《存治翼編》,聚晤考究,歷有年所。及塨出游四方,辨證益久,謬謂鄉舉里選,行之或亦因時酌略,而大體莫易。井田則開創後,土曠人稀之地,招流區畫爲易,而人安口繁,各有定業時行之難。意可井者井,難則均田,又難則限田,與先生見亦頗不參差。

惟封建以爲不必復古,因封建之舊而封建,無變亂,今因郡縣之舊而封建,啓紛擾,一。三代德教已久,胄子多賢,尚曰"世禄之家,鮮克由禮",況今時紈袴,易驕、易淫、易殘忍,而使世居民上,民必殃,二。郡縣即漢、唐小康之運,非數百年不亂,封建則以文、武、成、康之聖賢治之,一傳而昭王南巡,遂已不返,後諸侯漸次離析,各自爲君,六七百年,周制所謂削地滅國,皆付空言,未聞彼時以不朝服誅何國也。矧於輓近,雖有良法,豈能遠過武、周?三。或謂明無封建,故流寇肆毒,遍地丘墟。竊以爲宋、明之失,在郡縣權輕,若久任而重其權,亦可弭變。且唐之藩鎮即諸侯也,而黄巢儼然流寇矣，豈關無封建耶？四。或又謂無封建則不能處處皆兵，天下必弱。竊謂民間出兵，處處皆兵，郡縣自可行，不必封建始可行也，五。而封建之殘民，則恐不下流寇。不觀《春秋》乎？列國君卿尚修禮樂，講信睦，然自會盟朝遇紛然煩費外，侵伐戰取，一歲數見，其不通魯告魯者殆又倍蓰，幸時近古，多交綏而退。若至今日，殺人狼藉，盈野盈城，豈減流寇？然流寇亡蹷而諸侯亡遲，則將爲數十年殺運、數百年殺運，而禍更烈矣。唐之藩鎮爲五季，金之河北九公，日尋干戈，人烟斷絶，可寒心也，六。天子世圻，諸侯世同，卿大夫獨非伯叔甥舅之裔耶，亦世采自然之勢也；即立法曰"世禄不世官"，必不能久行，周之列國皆世臣巨室可見矣。夫使天下富貴，數百年皆一姓及數功臣享之，草澤賢士雖如孔、孟，無可誰何，非立賢無方之道也。不公孰甚，欲治平何由？七。戊寅，浙中得陸桴亭《封建傳賢不傳子論》，蓋即郡縣久任也，似有當。質之先生，先生曰："可，而非王道也。"商摧者數年於兹，未及合一，先生倏已作古矣。

於戲！此係位育萬物、參贊天地之事，非可求異，亦非可强同也，因書於後，以待用者。

康熙乙酉二月，蠡吾門人李塨書於郾城寓署。①

① 此篇"書後"，《恕谷後集》未收録。

存人編

序

顔先生《三存編》訖，人將得復性力學蒙治也，快矣哉！而先生愀然慮，謂異端鴟張，方舉世而空之虚之，人類行盡，又何學，又何治？而又安所謂性？東比鰲翁，晝幹垣削屨，夜䝤穴穿日，築卒不就。昔衛靈公入圄，兩寇肩逐，子夏拔矛，下格而還。周冥氏掌攻猛獸，毆以靈鼓；庭氏掌射國之妖鳥，若神也，則以太陰之弓與枉矢射之。韓子曰："如古之無聖人，人之類滅久矣"，豈不信哉？先生乃復著《唤迷途》、《釋迦佛贊解》，并《與張京兆議》者，類爲《存人編》。於戲，先生之心迫矣！康熙四十四年乙酉四月，蠡吾門人李塨頓首拜識。[1]

---

① 《畿輔叢書》本、《顔李叢書》本均無此序。《恕谷後集》未收録。

唤迷途序

《唤迷途》,博陵颜元所著,以劝僧道归人伦之书也。既成,而自序之曰:昔者唐虞三代,圣人叠兴,代天子民,家给之宅,分之地,生幼者有助,齿衰者有养,残疾无告者倍为矜恤,民生无不遂也。设为庠、序、学校,国、州、党、闾,莫不有学,教以人伦,父子有亲,君臣有义,夫妇有别,长幼有序,朋友有信,民性莫不各正也。秦人作俑,将圣人养民教民之具废弃殆尽,汉家七制之主,虽曰英君,其于先王之政,曾不能复十一于千百。民无恒产,失其养者多矣。无恒产因无恒心,丧其性者多矣。即使外国之妖邪,不入天朝之化,凌俗坏,亦不知何底也? 迨东汉明帝信传流之诡说,迎妖魔于西域,其言曰:得其道可以治天下。呜呼,世有灭绝人伦之道可以治天下者乎? 其徒沙门数人,随之而入,明帝与楚王英辈。男妇焚香顶礼设醮,齐僧创为清凉台,以供佛骨;施设衣食,以养沙门,而天朝自是有佛矣。其父光武皇帝以前,天朝固止祭天地、宗庙、社稷、五祀、八蜡、马祖、各家祖先,未有所谓庵、观、寺院、佛、菩萨者也。沙门等侈其师说,以念佛看经可得福利,诱我愚民之欲以不信三宝必入地狱、碓捣磨研、油铛火熬等危言吓我愚民之胆,于是信奉者众,而为沙门徒者有利,无产无依之民靡然从之,而我天朝自是有僧矣。前此,汉秦以上，我天朝固止士農工商，無所謂僧者尼者，滅絶人倫之人也。嗟乎，使古聖人養法在家，宅五畝，人田百畝，雖沙門巧説，亂墜天花，誰肯舍我父子兄弟，從彼禽獸乎？使古聖人教法在，則家有禮義，人知孝弟，寧饑死而不作無父無君之輩；雖沙門巧説，亂墜天花，又誰肯舍我孝慈、義順、友恭之樂，從彼狠毒空寂乎？惟飢寒切身，或世亂多故，内無義理以自主，遂相陷而蹈於邪，殊不思我一失足爲僧，我祖父以上千萬人之血脉，自我而斬矣，我身以下千萬人之生理，自我而絶矣，我父母兄弟夫妻遂爲路人矣，豈不可傷？此心寧忍？正如游子倉皇，爲強暴所逼，馳入陷阱，仁人之所深憐，而急欲引手也。至於道家者流，禍在佛先，成周之老子、關喜，西漢之文成、五利，雖有異説，然尚在君臣父子夫婦倫中，未絶人道也。近世昧於丹法仙術，又染於佛教，亦滅絶倫紀，故亦并喚之。前世大儒守其師道尊嚴之禮，遇問者答之，遇當闢者闢之，未有專直説以勸化之者。聞有明曹月川先生，著《夜行燭》一書，惜頒行未廣，鮮有見者。予素抱熱腸，不忍無知迷於邪途，如疾痛之在身，故著爲俚言數款，以喚我同胞之迷而使返。倘僧道聞予言而猛然醒，幡然改，則寧飢寒，寧患難，而不作無父無君之徒；寧飢寒死，寧患難死而不爲不忠不孝之鬼，奮然出陷阱而就坦途，以已失業之人，一旦復事田園，娱妻子，其心之快何如耶？以已壞倫之人，一旦復父慈子孝、兄友弟恭，其家之快何如耶？以已絶於親之人，一旦生者無子而復有子，死者無嗣而復有嗣，其親心之快何如耶？以已絶於祖宗之人，一旦使祖宗無孫而復有孫，塚墓無祭而復有祭，其先靈之快何如耶？以不服事君上之人，一旦賢明者歸儒圖仕，愚朴者租傭奉國，添幾千萬有用臣民，朝廷之快何如耶？

由此而漸引漸大，自天朝而傳外國，皆知去無倫之教，而返之人倫；則昔日西域生一釋迦害其本國、延及天朝者，今日天朝生一顏元救正天朝，亦波及外國，去人間千年之蝨蠱，廣天地無已之生成，乾坤之大，快又何如耶？雖然此非元一口一手之力也，所願同胞中之醒者呼同胞中之醉；同胞中植者扶同胞中之仆，以天下之同胞救天下之同胞，則邪可正，經可興矣。是爲序。

壬戌中秋十九日題於習齋。①

---

①《畿輔叢書》、《顏李叢書》均無此序。康熙刻本《存人編》此序下有"存人編目"，《畿輔叢書》本、《顏李叢書》本均無。爲避免重複，現將此目移入脚注：

存人編目

卷一　喚迷途序　第一喚　第二喚　第三喚

卷二　第四喚　第五喚

卷三　释迦佛賛解

卷四　毀念佛堂議　闢念佛堂説　擬諭錦屬更念佛堂

卷一

喚迷途

博陵布　衣顔　元著
蠡吾四卻子李明性訂[1]

第一喚

此篇多爲不識字與住持雲游等僧道立説。此項人受惑未深，只爲衣食二字，還好勸他。譬如誤走一條路，先喚那近者回來，我們這裏喚，那近的也先聽得。故第一先喚那平常僧道。

凡人做僧道者，有數項：一項是本人貧寒，不能度日，或其父母貧寒，不能度日，艱於衣食，便度爲僧道。一項是禍患迫身，逃走在外，或兵亂離家，無地自容，度爲僧道。一項是父母生子女不成，信佛道，在寺廟寄名，遂舍入爲徒。一項是偶因灾禍，妄信出家爲脱離苦海，或目觸寺廟傾倒，起心募化，説是建立功果，遂削髮爲僧或戴髮稱道人。大約是這幾

① “蠡吾四卻子李明性訂”，《畿輔叢書》本無。

項人。或有不得已,或誤當好事做,不是要惑世誣民,滅倫傷化。便是聖人出世,亦須哀憐而教化之,不忍收爲左道之誅也。但你們知佛是甚麽人否?佛是西域番人,我們是天朝好百姓,爲甚麽不做朝廷正經的百姓,卻做那西番的弟子?他若是個好人還可,他爲子不孝他父母,爲臣不事他君王,不忠不孝便是禽獸了,我們爲甚麽與他磕頭?爲甚麽做他弟子?他若是個正神還可,他是個西方番鬼,全無功德於我們。

我們這房屋,是上古有個聖人叫有巢氏,他教人修蓋,避風雨虎狼之害,我們於今得住;我們這衣食,是上古有個聖人叫神農氏,教民耕種,又有黄帝元妃叫西陵氏,教人蠶桑,我們於今得吃,得穿;我們這田地,是陶唐時有個聖人叫神禹,把横流的洪水都治了,疏江、淮、河、漢,鑿龍門,通大海,使水有所歸,我們於今得平土上居住;我們這世界,是伏羲、神農、黄帝、堯、舜、禹、湯、文、武,周公、孔子合漢、唐、宋、明以來歷代帝王聖賢,立禮樂刑罰,治得乾坤太平,我們纔得安穩。所以古之帝王聖賢廟食千古,今之帝王聖賢受天下供奉,理之當然。佛何人,有何功德,乃受天下人香火?真可羞也,真可誅也!你們動輒説"賴佛穿衣,指佛吃飯"。佛若是個活的,不忠不孝,尚且不當穿天下人的衣,吃天下人的飯,何況佛是個死番鬼,與天朝全無干涉,你們焉能指他吃穿的?語云:"無功食禄,寢食不安。"你們又動輒念經宣卷,神要那西域邪言做甚麽,人要那西域邪言做甚麽,白白的吃了人家的,活時做個不妥當的人,死了還做個帶缺欠的鬼。我勸你有産業的僧人,早早積攢些財物,出了寺,娶個妻,成家生子;無産業的僧人,早早抛了僧帽,做生意工匠,無能者與人傭工,掙個妻子,成個人家。上與朝廷添個好百姓,這便是忠,下與祖父添個兒孫，這便是孝，使我上面千百世祖宗有兒孫，下面千百世兒孫有祖父，生作有夫婦、有父子、有宗族親友的好人家，死入祖宗墳墓，合祖宗父兄族人埋在一塊土，做個享祭祀的鬼。

思量到此，莫道是游食僧道，與住持僧道，便是那五臺山京都各寺觀大富貴僧道，也不該貪戀那無意味的財産。你們説，那有錢的僧道像甚麽？就是那内官家富貴，便黄金千兩，位享三公，斷了祖父的血脉，絶了天地生機，竟成何用？思之思之！

老僧人，老道士，見的明白，你們受苦一生，中甚麽用？無徒弟的，再不消度人了，悮了自己，又悮他人，神明也不佑；有徒弟的，早早教他還人倫。你若十分老，便隨徒弟去度日；若不十分老，也尋法娶妻，便不娶妻也還家。家下有房屋田産的固好，雖無田産、房屋，尋個手藝生理的也好，就兩者俱無，雖乞食度日，比做僧道也好。好在何處？現有宗族，合他有父兄、子姪情分，便病了，他直得照管你，便死了，他直得埋殯你，便做鬼，也得趁祖宗享春秋祭祀，豈不是好！若做僧道，莫説游僧游道死在道路，狼拖狗曳的，便是住持的，若無徒弟也苦，雖有徒弟伏侍的，終是異姓人，比不得我兒女，是我骨肉，也比不得我宗族，是我祖宗一派，死了，異姓祭祀也無饗理。況世上那有常常住持的寺院，究竟作無祭祀的野鬼，豈不傷哉？

歸人倫事，最宜蚤圖。第一件，先要知前日由平民做和尚，是朝廷的逃民，是父母的叛子，是玷辱親戚朋友的惡事。古人云："不忠不孝，削髮而揖君親；游手游食，易服而逃租税。"只此四句，斷定和尚不是好人了。今日由和尚做了平民，是朝廷正道百姓，是父母歸宗孝子，是從頭有親戚有朋友的好事。古人云“自新休問昔狂”,伊尹稱成湯改過不吝,自新便成的君子,改過便做的聖人。我之歸也,不忍我祖宗無後而歸也,不忍我父母無子而歸也,是謂之大仁;不願天下人皆有夫妻我獨爲鰥夫而歸也,不願貴賤賢愚皆爲朝廷效力獨我爲猾民而歸也,不願昆蟲草木皆爲天地廣生成我獨腐朽而歸也,是謂之大義。大仁大義之舉,而世人反以爲不美事,名之曰“還俗”。夫謂之“俗”,必以爲作僧道是聖果事、而今還於俗凡也,必以爲是清雅事,而今還於俗鄙也,必以爲新奇事,而今還於俗常也。嗟乎!“名不正則言不順,言不順則事不成”,此尼父之所大慮也。吾今正其名曰“歸人倫”,明乎前此迷往他鄉而今歸家也,明乎前此誤入禽獸之夥而今歸人群也,明乎前此逸出彜倫之外而今歸子臣弟友之中也。世人去家鄉數千里,見一本土人,輒涕泣不勝,一旦還鄉,則鄰里皆來看望,心安意樂,今之歸倫,何獨不然?僧道有歸人倫而來見吾者,吾必酒食待之,爲之圖謀生理;吾黨有寄尺書口信於吾者曰,某處某僧道今歸倫於某府州縣某鄉爲某姓名矣,吾必不遠百里,具儀往賀之。人之好善,誰不如我,鼓動天下,救濟生民,同志者共勉之!

你父母生你時,舉家歡喜,門左懸弧。歡喜者,以爲他日奉養口體,承宗繼嗣,有所托矣;一旦爲僧道,生不能養,死不能葬,使父母千萬年無掃墳祭主之人,一思赤子懷抱時,你心安不安?懸弧者,男子生下當爲朝廷應差應甲,平定禍亂,大而爲將,小而爲兵,射獵四方,生人之義也;一旦爲僧道,便爲世間廢人,與朝廷無干,不但不爲朝廷效戰鬬,并不當差納糧以供其上,回思懸弧之義,寧不自愧?

禽有雌雄,獸有牝牡,昆蟲蠅蜢亦有陰陽。豈人爲萬物之靈而獨無情乎？故男女者，人之大欲也，亦人之真情至性也。你們果不動念乎？想欲歸倫，亦其本心，但拘世人之見，以還俗爲不好耳。今無患矣，我將此理與你們説明了，更不可自己耽悮。

細思來，你們爲僧道也只爲吃碗自在飯。豈不思上自天子，下至庶人，皆有所事，早夜勤勞，你們偏偷安白吃，就如世間倉鼠木蠹一般了，是甚麽好？試看世上各行生理手藝，命中有飯吃，自然餓不着，你何必做僧道？你命中若不好，做僧道也受饑寒，況有一種赴苦做活、種地灌園的僧道，一般受苦，爲何廢了人倫？你們都思量思量，不可胡迷到底也！

四卻子曰：理明情切，可令僧道輩又哭又笑。哭爲何説的？情理透切，自然淚出痛腸，豈不哭？笑爲何説的？情理爽快，自然滿心歡喜，豈不笑？[①]

第二喚

此篇多爲參禪悟道、登高座發偈律的僧人與談清静、煉丹火、希飛升的道士立説，較前項人惑漸深，迷漸遠，喚回頗難。然此等率出聰明静養之人，聰明人易馳高遠，故惑於異者多。僕以爲聰明人易惑亦易悟，静養人善思又善聽，況吾之俚言，如數一二，如辨黑白，如聞鐘鼓，亦易入者。一悟一思，而猛然醒，幡然改，同快人倫之樂，豈不美哉？

佛道説真空，仙道説真静。不惟空也，并空其空，故《心經》之旨，“無無明，亦無無明盡”；不徒静也，且静之又静，故《道德經》之旨，牝矣又玄，玄矣又屯屯。吾今以實藥其空，以

① “四卻子曰”一段，《畿輔叢書》本、《顔李叢書》本均無。

動濟其静,爲僧道者不我服也,入之深,惑之固,方且望其空静而前進之不暇,又焉能聽吾所謂實與動乎?

今姑即佛之所謂空,道之所謂静者窮之,而後與之言實與動。佛殊不能空也,即能空之,益無取;道殊不能静也,即能静之,益無取。三才既立,有日月則不能無照臨,有山川則不能無流峙,有耳目則不能無視聽;佛不能使天無日月,不能使地無山川,不能使人無耳目,安在其能空乎?道不能使日月不照臨,不能使山川不流峙,不能使耳目不視聽,安在其能静乎?佛道之空静,正如陳仲子之廉,不能充其操者也。即使取其願而各遂之,佛者之心而果入定矣,空之真而覺之大矣,洞照萬象矣,此正如空室懸一明鏡,并不施之粉黛妝梳,鏡雖明亦奚以爲?曰大覺,曰智慧,曰慈悲,而不施之於子臣弟友,方且照不及君父而以爲累,照不及自身之耳目心意而以爲賊,天地間亦何用此洞照也?且人人而得此空寂之洞照也,人道滅矣,天地其空設乎?道者之心而果死灰矣,嗜欲不作,心腎秘交,丹候九轉矣,正如深山中精怪,並不可以服乘致用,雖長壽,亦兩間一蠹。曰真人,曰至人,曰太上,而不可推之天下國家,方且盗天地之氣以長存,煉五行之精以自保,乾坤中亦何賴有此太上也?且人人而得此静極之仙果也,人道又絶矣,天地其能容乎?世傳五百年雷震一次,此必然之理,蓋人中妖也,天地之盗也。

請問:若輩聰明人乎,愚蒙人乎?果愚蒙人也,宜耕田鑿井以養父母,以受天子之法制,不應妄爲大言,鼓天下之愚民而立教門。若聰明人也,則以天地粹氣所鍾,宜學爲公卿百執事,以勤民生,以佐王治,以輔扶天地,不宜退而寂滅,以負天地篤生之心。

朝廷設官分職以爲萬民長，立法定律以防萬民欲。人雖賢智，只得遵朝廷法律而行，所謂“雖有其德，苟無其位，亦不敢作禮樂也”。你們輒敢登高座談禪，使人跪問立聽，輒敢動刑杖，是與天子長吏爭權也，輒敢別定律令，號招士民，謂之受戒，各省直愚民呼朋引類，赴北京五臺受禪師法戒，是與天子爭民也。堂堂皇王之天下，儼然半屬梵王子之臣民，倘朝廷震怒或大臣奏參，豈不可懼？猛醒猛醒！

你們那個是西域番僧？大都是我天朝聰明人。欲求道，當求我堯、舜、周、孔之道，堯、舜、周、孔之道是我們生下來現成的道。此身是父母生的，父母生此身，如樹根長出身幹枝葉，若去父母，是樹斷了根，還成甚麽樹！所以堯、舜、周、孔之道全在於孝，小而養口體，悦心志，大而顯親揚名，再大而嚴父配天。自庶人上至天子，各隨分量，都要完滿，毫釐不盡，便是缺欠，便不可以爲子，不可以爲人。況敢拋卻父母，忍心害理，視爲路人，還了得！

此身合兄弟同生，都要相愛，有兄長，又如樹上生的前一節後一節，若離了兄，正如樹枝斷去前截，定後截都壞了。所以堯、舜，周、孔之道全在於弟，隅坐隨行，尊父母的嫡子，敬之如嚴君，愛父母的遺體，愛之如嬰兒。無貴無賤，各隨分量，都要完滿，分毫不盡，便是缺欠，便不可以爲人弟，即不可以爲人子，況敢拋卻兄長，忍心害理，視爲路人，還了得！

父母生下我，我又娶妻，作子孫的父母，他日子孫又長成作父母，故曰有夫婦然後有父子，有父子然後有兄弟，有兄弟然後有朋友，有朋友然後有君臣。故“堯、舜之道，造端乎夫婦”，此端字，是端倪的端字，如織布帛之有頭緒，如生草木之有萌芽，無頭緒則布帛沒處織，無萌芽則草木沒處生，無夫婦則人何處生？一切倫理都無，世界都無矣。且你們做佛弟子的，那一個不是夫婦生來的？若無夫婦，你們都無，佛向那裏討弟子？佛的父親若無夫婦，佛且無了，那裏有這一教？説到這裏，你們可知佛是邪教了，是異端了。

假佛原是正道，原行得，他是西域的師，西域的神，我們有我中國的師，中國的神。自己的師長不尊，爲甚麽去尊人家師長？自己的父母不孝，爲甚麽去孝人家？何況原是邪教，原是異端！由其道，一步行不去，從他做甚？你們最聰明，説到這裏，莫道你們有才料，在世間做的别事，便做個農夫，做個乞丐，也不失爲正人。爲甚麽上高座，閤眼竝手，跟番鬼談邪言，自欺以欺世也？思之思之！

佛輕視了此身，説被此身累礙，耳受許多聲，目受許多色，口鼻受許多味，心意受許多事物，不得爽利空的去，所以將自己耳目口鼻都看作賊。充其意，直是死滅了，方不受這形體累礙，所以言圓寂，言涅槃，有九定三解脱諸妄説。總之，是要不生這賊也；總之，是要全其一點幻覺之性也。

嗟乎！有生方有性，若如佛教，則天下並性亦無矣，又何覺？無所謂昭昭，何所謂暗暗？如佛教，并幻亦不可言矣，又何佛怪哉！西域異類，不幸而不生天朝，未聞我天朝聖人之言性也，未見我天朝聖人之盡性也。堯、舜、周、孔之言性也，合身言之，故曰"有物有則"，"堯、舜性之，湯、武身之"。堯舜、舜率性而出，身之所行皆性也；湯、武修身以復性，據性之形以治性也。孔門後惟孟子見及此，故曰"形色天性，惟聖人然後可以踐形"。形，形性之形也；性，形之性也。舍形則無性矣，舍性亦無形矣。失性者據形求之，盡性者於形盡之，賊其形則賊其性矣。即以耳目論，吾堯、舜明四目，達四聰，使吾目明徹四方，天下之形無蔽焉，使吾耳聰達四境，天下之聲無壅焉，此其所以光被四表也。吾孔子視思明，聽思聰，非禮無視，非禮無聽。明者，目之性也；聽者，耳之性也。視非禮，則蔽其明而亂吾性矣，聽非禮，則壅吾聰而亂吾性矣。絶天下非禮之色以養吾目，賊在色，不在目也；賊更在非禮之色，不在色也。去非禮之色，則目徹四方之色，適以大吾目性之用。絶天下非禮之聲以養吾耳，賊在聲，不在耳也；賊更在非禮之聲，不在聲也。去非禮之聲，則耳達四境之聲，正以宣吾耳性之用。推之口、鼻、手、足、心、意咸若是，推之父子、君臣、夫婦、兄弟、朋友咸若是，故禮樂繽紛，極耳目之娱而非欲也，位育乎成，合三才成一性而非侈也。

彼佛，大之空天、地、君、親而不恤，小之視耳、目、手、足爲賊害，惟闔眼内顧，存養一點性靈，猶瞽目人坐暗室，耳目不接天下之聲色，身心不接天下之人事，而方寸率思，無所不妙，可謂妄矣，安在其洞照萬象也哉？且把自身爲賊，絶六親而不愛，可謂殘忍矣。及其大言慈悲，則又苦行雪山，割肉餧鷹，舍身餧虎，何其顛倒錯亂也哉！

洞照萬象，昔人形容其妙曰“鏡花水月”，宋、明儒者所謂悟道，亦大率類此。吾非謂佛學中無此意也，亦非謂學佛者不能致此也，正謂其洞照者無用之水鏡，其萬象皆無用之花月也。不至於此，徒苦半生，爲腐朽之枯禪；不幸而至此，自欺更深。何也？人心如水，但一澄定，不濁以泥沙，不激以風石，不必名川巨海之水能照百態，雖渠溝盆盂之水皆能照也。今使竦起靜坐，不擾以事爲，不雜以旁念，敏者數十日，鈍者三五年，皆能洞照萬象，如鏡花水月。做此功至此，快然自喜，以爲得之矣，或預燭未來，或邪妄相感，人物小有徵應，愈隱怪驚人,轉相推服,以爲有道矣。

予戊申前,亦嘗從宋儒用靜坐功,頗嘗此味,故身歷而知其爲妄,不足據也。天地間豈有不流動之水,天地間豈有不著地、不見沙泥、不見風石之水?一動一著,仍是一物不照矣。故管道、楊傻,予《存學編》所引,出山便與常人同也。今玩鏡裏花,水裏月,信足以娱人心目,若去鏡水,則花月無有矣。即對鏡水一生,徒自欺一生而已矣。若指水月以照臨,取鏡花以折佩,此必不可得之數也。故空靜之理,愈談愈惑,空靜之功,愈妙愈妄。吾願求道者盡性而已矣,盡性者實徵之吾身而已矣,徵身者動與萬物共見而已矣。吾身之百體,吾性之作用也,一體不靈則一用不具。天下之萬物,吾性之措施也,一物不稱其情則措施有累。身世打成一片,一滚做功,近自几席,遠達民物,下自鄰比,上暨廟廊,粗自灑掃,精通燮理,至於盡倫定制,陰陽和,位育徹,吾性之真全矣。以視佛氏空中之洞照,仙家五氣之朝元,腐草之螢耳,何足道哉!

四卻子曰:"談仁義、孝弟、心性,如數家珍,明白愷切,不獨可喚僧道,即吾儒皆當各置一通於座右。"①

第三喚

此篇是喚醒西域真番僧者。我天朝人誤走迷途,固皆呼之使轉矣,西域番僧獨非同生兩間者乎?他既各具人形,便各有人性。予嘗自謂,生遇釋迦,亦使之垂頭下淚,固以其人形必之也。況今番僧亦不幸而生乎西域,爲其習俗所染,邪

① "四卻子曰"一段,《畿輔叢書》本、《顏李叢書》本均無。

教所誤耳,何可不救之使歸人倫耶? 你若識天朝字,自讀而自思之;若不識字,能解天朝語,可求人講與你們聽。

你雖不幸而不生天朝,你獨無父母耶? 你父母生下你,你便不做人父母生人,可乎? 是釋迦誣了你。你求人講上兩喚聽,便惺的釋迦是邪説了。你看天地是個大夫婦,天若無地,也不能化生萬物,天不能無地,夫豈可無婦? 你看見婦人,果漠然不動念乎? 這一動念,卻是天理不容滅絶處。只我天朝聖人,就這天理上修了禮義,定就婚姻禮法,使天理有節制,以别於禽獸。然禽獸雖無一定配偶,而游牝以時,也是禽獸的天理。若人無配偶,是禽獸的天理也無了,豈非天地父母惡物乎? 你們也當從我天朝,行婚禮,配夫婦,有一定配偶,這便是人道了。力不能回家的,便在天朝娶妻,學天朝人手藝,做個過活,成個人家,生下子女,萬萬世是你們後代了。力能回家的,將這《唤迷途》帶去,講解與你國人聽,教他人人知釋迦是邪教,也學我天朝聖人的道理,孝弟忠信,你們就是正道的祖師了,你們就是你國的聖賢了。與你國添多少人類,添多少親戚,添多少禮義,便是大有功德,天神必加福祉。你們子孫爲官,爲宦,爲帝,爲王,都是有的。你們看我天朝爲帝爲王的,爲國公、侯、伯的,官宦的,多是羲、農、黄帝、堯、舜、周公、孔子子孫。我教你歸人倫,是慈悲乎? 釋迦教你斷子絶孫,做個枯寂的鬼,是慈悲乎? 你思量思量!

你們凡往天朝來的,都不是庸俗人,或奉你本國王命進來,妄説做國師的,或差來納貢的,或差來觀天朝虚實的,或彼處豪傑自拔,要到天朝顯才能的,或彼國不得志,求逞於天朝的,大都是聰明人。且説你國也有夫妻否? 也有兒女否? 也有鄰里鄉人否? 也有君臣上下否? 夫妻也相配合否? 生兒女也愛他否？兒女愛父母否？兒女同生也彼此擡敬否？鄰里鄉人也相交好否？君臣上下也有名分否？吾知其必夫婦相配也，必父子相愛也，必兄弟同生者相敬也，必鄰里相好也，必上下有分也，這便是凡爲人類者自然的天性，必有的道理。我天朝聖人，只因人自然之性，教人必有之道。

因人有夫妻相配，便教他以禮相合。夫婦必須父母之命，媒妁之言，六禮備而後成，成後還要相敬如賓，相成如友，夫義婦順，這叫做"夫婦有別"。那佛斷絶夫婦的好，還是夫婦有別的好？

因父子相愛，便教他父慈子孝。父慈，不但幼時懷抱養育，大時還教他仁義，管他幹正事；子孝，不惟衣食奉養，還要和敬並盡，朔望節令還行參拜禮文，没後還有許多喪祭道理，這叫做"父子有親"。那佛斷絶父子的好，還是父子有親的好？

因人兄弟相敬，便教他兄友弟恭。無論男兄弟，女兄弟，都是兄愛其弟，弟尊其兄，一坐一行都有禮法，不得欺侮，不得僭越，這叫做"長幼有序"。那佛兄弟無情的好，還是長幼有序的好？

因人鄰里相好，便教他同類相交謂之朋，同志相愛謂之友，以實心相與，以實言相告，這叫做"朋友有信"。那佛棄絶人類入深山的好，還是朋友有信的好？

因人上下有分，便教他君使臣以禮，臣事君以忠，這叫做"君臣有義"。那佛斷絶君臣的好，還是君臣有義的好？

我天朝道理，只有這五件，制許多刑政法度之文，禮樂兵農之具，水火工虞之事，都是要節宣這個，維持這個。當東漢時，有幾個沙門，傳佛道入天朝，釀成無窮大禍，鳩摩羅什等又番譯西域經文，傳有許多邪説，以惑天朝之民，這都是天地的罪人，你們更不可效尤。若能醒解我的言語，把我天朝聖人的道理傳往西方，將《唤迷途》番譯成西方的言語，使人都歸人倫，都盡人倫，莫説父盡父道，子盡子道，君盡君道，臣盡臣道，你西方諸國享福無窮，只人也多生幾千萬，豈不是真善果？勉哉！

四卻子曰：爲他叫醒，爲他安排，爲他開發，無一處不明，無一處不妥，説五論處真錦心繡口。①

---

① "四卻子曰"一段，《畿輔叢書》本、《顔李叢書》本均無。

卷二

唤迷途

博陵布　衣顔　元著
蠡吾四卻子李明性訂

第四唤

前三篇唤迷途之人已畢，此篇又專爲名儒而心佛者立説。雖在五倫之中而見涉禪寂，如宋蘇東坡、明王弇州之徒，小有聰明，見聞濫博，啓口成辯，舉筆成文，不惟詞壇之雄，而無識之人且尊爲儒者。其實邪正不明，得罪名教，一生學力，萬卷文章，只此一誤，舉無足觀，惜哉！

歐陽文忠與蘇文忠，人品學問，俱難軒輊，只佞佛一節，蘇斯下矣。佛之爲邪，易明易見。長公之才，把筆何等氣力，立朝何等風節！到《大悲閣記》、《四菩薩記》等文，便卑鄙不堪，迷惑如田間村婦語，何其於堯、舜、周、孔之道頓忘，四書、五經之理遽萬里也！必是自幼生長川、蜀之地，習見僧人，多讀佛書，入鮑魚肆不覺其臭矣。文人看書，可不慎哉！

老泉傳家，原是文人伎倆，雖好讀《孟子》，只要討出文法，不是明道。故其夫妻皆佞佛，并其聰明子亦誤之矣，豈不可惜！

歐陽文忠公大有過人論頭，如説"聖人教人，性非所先"，其識高於程、朱一派。蓋聖人教人，只是六德、六行、六藝，端木子明言"夫子之文章可得而聞，性道不可得聞"。程、朱一派好談性道，置起聖門時習事功不做，蓋亦隱爲禪惑，不覺其非，卻説永叔爲誤，異矣！如作《本論》，勝於柳、蘇諸人，但他亦是從文字起見，只作一篇好文字耳，亦不是全副力量衛聖道闢異端的人。公若向此處做工夫，與子瞻相交最深，自可一言而救正之，何至聽其惑迷而不返也！且與鄭公同在政府，若常講明邪正之理，鄭公亦必相感而化。以二公之賢而不能化，亦未聞辯論救正之語，固知其非用功於闢異者矣。且與韓、富二公三賢秉政，大權在手，正當舉其所謂禮樂者實行之矣，乃亦全不挂口，益見其爲文字之見，非孟子本領矣。

《本論》亦非確當之理。醫書云："急則治其標，緩則治其本。"今佛氏之害瀰天漫地，如人遍體瘡瘍。若是而言從容調理血氣乎，抑急須針膏擦洗之方也？佛之害中人，便昏亂狂顛，發作便窒氣絶生，正如風痰急症，風不散則立刻癱瘓，火不解則立刻譫語，痰不吐不下則立刻喪命。如是而言從容補陰陽乎，抑急須湯丸灸薰，散風降火，吐下頑痰之法也？佛之害在一日，則此一日中，普天下添多少人爲僧，便斷多少人血脉，如病瘟疫天疱，遲治一日便多傳染幾人。如是而言采參於朝鮮以補中，斬兕於羌國以解毒乎，抑現用防風、荆芥以汗之，芩、連、惡食、金銀花之屬以解之爲當也？公之言曰："幸有一不惑者，方艴然怒曰，將揮戈而逐之，有説而排之。千歲之患徧於天下，非一人一日所可爲，民之沉酣，入於骨髓，非口舌之可勝,莫若務本以勝之。”嗟乎!公第甚言當務本耳,不知卻昧醫家急則治標及標本兼治之法矣。是聖人不生,禮樂不興,便任佛氏之滅倫傷化戕賊民生而不救乎?不幾如朝鮮之參,羌國之兕不至,遂聽瘟疫、天疱之死喪傳染而不治乎?何以爲醫也!

乾坤中揮戈逐佛、著説排佛者,若傅尚書、韓吏部、胡致堂,其表著者,公亦其一人矣。若非有公輩數人“不忠不孝”數語,《佛骨表》、《原道》、《本論》數文在,乾坤更不知何底矣。非一人所可爲,雖千萬人亦一人之倡也;非一日所可爲,雖千百年亦一日之積也。救得一人是一人,轉得一日是一日,正得一分是一分。又曰“民之沉酣骨髓,非口舌所可勝”,亦未之思也。積蚊成雷,累畫成册。吾儒在上者則興禮樂以化民,在下者則崇仁義以明道,彼佛何所有哉?徒以口舌簧鼓,轉相惑誘,遂亂天下至此,吾獨不得以口舌救之乎?天相吾道,吾人而在上也,一面興禮樂,謹學校,以修其本;一面立法禁,施誥命,以治其標。天不相吾道,吾人而在下也,一面崇仁義,勵躬行,以修其本;一面詳辯論,著書説,以治其標。夫禮樂明,則人才出而操戈排佛者益衆,此本而標之之法也;辯論著,則君相悟而禮樂興,此標而本之之法也。庶幾其善醫矣。

愚蒙人爲禿番所欺固可憐,聰明人未聞堯、舜、周、孔之道,見異而遷亦無怪。所可惡者,柳、富、蘇、王以絶世之才,讀孔子之書,有目而不分黑白,有耳而不辯鐘磬,時而堂堂正正,談理如海潮河決,時而窒心眯目,迷惑如村婦牧兒,最足以侈愚僧之口,迷俗人之向,此君子所深爲痛恨者也。紙上雄文,立朝氣節,皆孔子所謂“其餘不足觀”者,功不抵其罪也。明之弇州輩，特一文士耳，未必有大君子與之交也。柳則友韓矣，富、蘇則友歐陽矣，柳、富、蘇之不虛心受益，韓、歐之不極盡規勸，均可憾也。今世而有韓、歐乎？遇友人之柳、富、蘇者，宜極盡其救正，正之不可而再，再之不可而三而四，此非小故也。今世而有柳、富、蘇乎？遇友人之如韓、歐者，則宜虛心受益，改轍自新，勿取誅於君子可也。試看賈島一詩僧耳，從昌黎而歸人倫，尚來千古美談，況吾儒中豪傑，而可自誤乎哉？

三代後，唐之昌黎，宋之程、朱，明之陽明，皆稱吾儒大君子，然皆有與賊通氣處，有被賊瞞過處，有夷、蹠結社處，有逗遛玩寇處，今略摘一二，與天下共商之。非過刻也，恐佛氏借口，與儒之佞佛者倚以自解也。昌黎誅佛不遺餘力，死生以之，真儒陣戰將也。惜其貶潮州時，聞老僧太顛，召至州郭，與之盤桓，及其將行也，又留衣服爲別。夫使太顛可教，則一二見可化之歸儒，不可教，則爲不就撫之猾寇，又何久相盤桓，留衣相贈乎，不幾夷、蹠結社乎？及孟尚書聞其事，貽書致問，又稱太顛“頗聰明，識道理”，予閱答書至此，大爲驚異，世豈有爲僧之人而識道理者乎，豈有識道理之人而爲僧者乎？則昌黎所見之道理必尚有微異於孔、孟者矣，則昌黎之交太顛必尚有微爲瞞過者矣，不幾逗遛玩寇乎？

周子《太極圖説》已多了“無極”二字。極乃房上脊檁，是最上之稱，又加以太字，是就無可名處強指之矣，又何所謂無極乎？至其言性，又不合加一惡字，故程、朱由此皆誤言氣質有惡，又言氣質爲吾性害，是即爲六賊之意浸過儒道分界矣。朱子盡力與象山辯“無極”二字，是即爲佛之空，老之無隱蔽矣。至程子作詩，説“道通天地有形外，思入風雲變態中”，又云“隔斷紅塵三十里，白雲紅葉兩悠悠”。朱子動輒説氣質雜惡，動輒説法門。陽明近禪處尤多。習欲移人，賢者不免。所謂與賊通氣者，此也。

儒之佞佛者，大約是小智慧人看道未貫上下，或初爲儒者，而功力不加，畏聖道之費力，半途欲廢，又恥於不如人，遂妄談空虛以誇精微者；或貪名利，工文字，名爲儒而實不解聖道爲何物，亦如愚民見異端而驚喜者。至惑地獄禍福之説而從之者，民斯爲下矣。

何謂小智慧見道未貫上下者？彼多謂“佛之上截與吾儒同”，或竟謂“佛得其精，吾儒得其粗”，此其人學識未大，未能洞見性命之本及吾道體用之全，見宋、明儒者之所謂性無能出乎佛氏之上，一聞禪僧之談心性，遂傾心服之，謂上截儒釋原不異也。嗟乎！不幾如吾《存性編》中所云根麻而苗麥乎，天地間豈有此理！有上截本仁而下截不愛父母者乎？有上截本義而下截不敬君上者乎？抑其上截之原非仁義也？吾儒以仁義禮智信爲性，而佛以空虛不著一物爲性。以仁義爲性，故忠孝者仁義之發也，仁義者忠孝之源也，後截之忠孝與上截之仁義，如樹之根與枝一體也。佛之上截總一空，故爲不忠不孝之教，斷絶倫物，下截亦總一空也，又焉得上截同而下截始異哉？此輩猶能見宋、明儒者之性者也。

至謂“佛得其精，吾儒得其粗”者，又並宋、明儒之性未之聞，平日徒以章句目儒業，即粗聞仁民愛物作用，亦第視爲後起事。不知堯、舜之精一執中，三事六府之體也，三事六府，精一執中之用也；周、孔之一以貫之，三物四教之體也；三物四教，一貫之用也；如樹之根本枝幹，通爲一體，未可以精粗分也。故無根本則無枝葉矣，無枝葉則非根本矣，梧檟之根，藏土千年,與穢腐同譏。彼佛氏固未可以精言也,又何者是其精乎? 以腐穢爲精,愚之愚者矣。

何爲以初爲儒功,半途而廢,妄談虛空以誇精微者? 人性皆善,雖甚惡人必有善念一動之時,雖甚濁世必有特起作聖之士。但吾儒之道,六歲教名、數,七歲教别,八歲教讓,九歲教數日,十歲學書、計、幼儀,十三歲學樂、舞,十五歲入大學,凡六德、六行、六藝,一切明親止至善者,俱步步踏實地去做。二十歲尚不許教人,到三四十,發揮其幼學者,進見之君民,退式乎風俗。今世全錯了路徑,少小無根本,粗者求之章句,精者求之静敬,到數年或數十年後,全不見古人充實大化之我䀌,全體大用之我醻,再進無工程之可據,回顧無基本之可惜,又恥於奔寶山半生作空手回之漢,遂放達者爲莊周、李贄之流,謹飭者作龜山、定夫之輩。非以欺世也,略以自塗抹其作聖初心,而不染於禪者鮮矣。不知世降學晦,孔徑久荒,即虛花無果,前路弗憑,正宜返求之實地,雖六德之一德,六行之一行,六藝之一藝,不自失爲儒也;即精力已竭,尺寸莫贖,惟當痛自悔恨,如漢武輪臺之詔,亦自千古共諒,何必益爲虛大而背叛於聖道之外哉? 君子思之!

何以謂名爲儒而實不解聖道,亦如愚民之見異而喜者? 自幼惟從事做破題,捭八股,父兄師友之期許者,入學、中舉、會試、做官而已,自心之悦父兄師友以矢志成人者,亦惟入學、中舉、會試、做官而已。萬卷詩書,只作名利引子,誰曾知道爲何物? 故以官長、進士、舉人,而聽講於村俗僧人,驚爲道妙而師事者有之,以秀才而信旁門邪説,入焚香會者有之,豈儒者而喪心至此乎,抑原未嘗於儒道參一解,行一步也? 況做秀才而貪利肆行,爲官長而染指負上,中氣必餒,中心必懼;明懼朝廷之法,幽懼鬼神之禍,一聞佛者顚頂之説,烏得不悦;一聞空名利之談,烏得不服;一聞讖悔消灾之技,又烏得不甘心也? 況僧道惑世誣民之巧,網亦審矣。地獄報應之説,僅足惑天朝之愚民,痘疹送生仙妃之説,僅足惑天朝之婦女,士大夫不之信也;又創爲文昌帝君之神,謂司人間科甲貴賤;又恐其教之淡薄苦寂,士夫未必肯受也;又創爲準提菩薩會,每月只幾日不食酒肉;又許那借以遂其口腹之欲。予之以不得不悦,不得不服,不得不甘心之勢,而又開之以不甚苦而易從之門,烏得不莫之禦而從於邪也? 雖然,天理自在人心,猛一覺照,愚蒙之夫無不可去邪而歸正,況我輩士夫聰明傑秀,高出尋常萬萬者乎! 急出幽壑,返登喬木,是所望於今之君子!

地獄輪回之説,我天朝聖人全未道及。仲子路才一問事鬼神,問死,便截斷不與言。蓋人之與天地並大者,盡人道也。盡人道者,方且參天地,贊化育,盡幽明上下而自我治之,又焉得舍生人之理而不盡,暇問鬼道乎? 故地獄無之乎? 君子不道也。有之乎? 則君子行合神明,自當上升爲聖,爲賢,爲神。彼滅倫敗類不作生理之佛、之僧,生時已背叛人紀,脱離人群,不可以爲人矣,死後其可對冥府之神乎? 不知神之所欽重福利者,其在忠君孝親者乎,其在無父無君者乎? 且不忠之臣,但愧忠臣耳;不孝之子,但愧孝子耳,而猶爲君之臣、父之子也。設冥府果因生前之行而擬之罪,恐視夫舍君而不之臣,舍父而不之子,尚有輕重差等也,況不爲亂臣賊子者乎? 故明舍人道而好談幽冥,盡人皆不可,而佛僧更非所當言,奈何反以我輩全人倫之人,而聽彼言之妄? 可謂愚矣!

禍福懺悔之理，若聽信僧言，更爲可笑。古人云："積善之家，降之百祥；積不善之家，降之百殃。"又云："鬼神福善而禍淫。"《詩》云："永言配命，自求多福。"此禍福正理也。成湯改過不吝，顔子不貳過，此悔過改過正理也。若能日畏天理，日畏王法，不作虧心事，尚矣。即貪財好色，做出無狀，猛然一醒，痛改昨非，成其今是，孝親敬長，忠君愛民，恤孤濟寡，救難扶危，真心實力，足以格天地，感鬼神，況於人乎？去卻半生惡，成此半生善，或掃去五分惡，成其五分善。昔伯夷不念舊惡，孔子見人一善而忘其百非，吾以爲神明亦當如是。只真心自新，便爲君子，自是朝野欽之，鬼神敬之，又何借佛力僧經，作三昧法水哉？今有人罪惡種種，官府將依律定罪，或有言此人素孝，此人素弟，或有言此人素有大功於國君，有大功於生民，則《周禮》八議之法可行；若空言"再不敢了"，官其減罪乎？若言出于大聖大賢，或忠臣孝子，或朝廷貴人，官府或因而少減其辜，亦未可知也。今誦西番邪妄之經，依佛氏不忠不孝之鬼，而求以免禍，辟如作竊盜而求強賊爲之請討，駡兄嫂而借弒父母者爲之先容，罪不更加之耶？願熟思之！

四卻子曰：闢後儒佞佛根蒂，道理極真，識見極透。看至痛切處，快心快心。①

第五喚

儒名而心禪者，大足爲世道人心之害，既呼回之矣。世間愚民，信奉妖邪，各立教門，焚香聚衆者，固皆俗鄙無足道。

---

① "四卻子曰"一段，《畿輔叢書》本、《顔李叢書》本均無。

然既稱門頭,亂言法道,群男女廢業而胡行,誘惑良民,甚至山野里比皆遍,則其爲害亦不小矣。愚民何知,不過不曉念佛看經之爲非,不知左道惑衆之犯律,妄謂修善而爲之耳。若不急急喚醒,恐他日奸人因以起事,則黄巾、白蓮之禍恐即在今日之"皇門"、"九門"等會,上釐國家之憂,下坑小民之命。新河之事,不已可爲覆車之鑑哉?此篇各因其愚而開明之,庶迷途上個個喚回,共由蕩平之正路,是予之願也。

吾觀當今天下,僧道是大迷途。其迷途中之岐途岔路,或有信佛,或有信仙,或仙佛兼奉,而各立教門,交相誘引,焚香惑衆,各省下蓋多名目,吾未之遍游而全知也。惟就吾之近地眼見者,一一正其誤而喚之回,則他省府州縣,名目雖不同,而凡不遵子臣弟友之道者,便是邪説;不安爲朝廷百姓而名爲道人者,便是左道,皆可類推而急醒改之。大率你們做頭行的,都説是正道,要化人,你們做小道人的,都不肯説是邪,只當是修善。這"善"字不明,"修"字不講,是今天下大關係也。

在位大人,惟《大學》首章三綱領是真善。實去明德,實去親民,而止至善,自格物以至明德於天下,當先者便先加工夫,當後者便後加功夫,這便是真修善。外此者都不是善,都不是修善。無位的百姓,只今聖諭,朝廷官府立鄉耆鄉約講解教人的,木鐸老人朔望摇鈴曉諭的,便是真善;實去孝順父母,實去尊敬長上,實去教訓子孫,和睦鄉里,各安生理,勿作非爲,便是真個修善。①

若去口中念不忠不孝的佛,聚會講無影無形的經,這不

① "真",原闕,據《畿輔叢書》本、《顔李叢書》本補。

獨犯王法,大是得罪神明。你們聽那邪説久了,迷的深了,如今説是犯王法,你們不解。譬如你們姓張,你們的兒子卻説他不是你兒子,“我姓李”,你們容他不容他?朝廷以道化天下,我們就是他道中人;你們而今另立門頭,説“我别是一教”,這便是反了教了,便和你兒子不從你姓從人姓一般,朝廷怎麽容的?今日發文,明日發禁,你們不曾見麽?京中剮了甚麽“無生老母”,殺了許多倡邪道人,你們不曾聽的麽?你們那頭行哄你們説:“上頭不是拏持齋念佛的,是恐怕聚衆謀反。”不曉的聚衆謀反是别有律條,不與持齋相干。持齋念佛,叫做左道惑衆,是大犯法的,便是一個人持齋立教,也該問罪。又説:“他若是拏我,我便吃酒肉。”不知上面不是爲你不吃酒肉,是爲你另立教門。你如今可醒那犯王法的去處了麽?其得罪神明在何處?我説與你深微道理,你們也不解,且就明白的與你説:你們家下供佛的,供仙的,三世再無不得奇禍的,再無不得斷宗絶嗣的,再無不得惡疾的。這是怎説?他是忍心舍世的狠鬼,他是無子無孫的絶魂,你們把那狠鬼絶魂招到宅上,焉得不作禍?焉得有子孫?且如今人請幾個和尚道士來住在宅内,是好不好?且佛亦非以不好事故意加你,譬如一人吃著山藥甜,遇心愛的人,亦必教他吃山藥;又如溺者喜人溺,縊者喜人縊。佛以覆宗絶嗣爲好,你們敬他,以氣相召,也叫你覆宗絶嗣,是必然的了。

我們宅上自有當祭的五祀正神:門、户、中霤、井、竈。古人祭五祀,或令庶人只祭二祀、一祀,至於士庶人各祭其祖先,又是古今通法。今你們不祭五祀,不祭祖父,專祀邪神,辟如你們兒子有酒食,只將去與張三、李四吃,反不孝父兄,你心下惱他不惱他,責懲他不責懲他?神明自是不容,加禍來,祖先自是不救,此所以得罪神明先靈也。你們如今可醒的了麽?

你們當初原是要修好,只差走了路,拏著不好當好修。朝廷官府也還憐憫你們,也還寬待你們,從容曉諭,教你改圖。更有一等可惡的,聽見傳下禁旨,官府告示,反説是"刮風裹落病棗",也把怕王法歸正道的好人,反説是病棗不耐風,你們執迷不醒不遵王法的倒是好棗,把王法比做狂風。倘朝廷官府聽的此話,真個拏起來,殺起來,怎麽了得?有識者替你寒心,急醒,急醒!

上一段是大概勸諭天下走邪門的。我直隸隆慶、萬曆前風俗醇美,信邪者少。自萬曆末年添出個"皇天道",如今大行,京師府縣以至窮鄉山僻都有。其法,尊螺蚌爲祖,每日望太陽參拜,似仙家吐納采煉之術,卻又説受胎爲"目連僧",口中念佛,是殆仙佛參雜之教也。其中殊無好奇尚怪,聰明隱僻,大可亂世的人,不過幾個莊家漢,信一二胡謅亂講之人,當就好事做,不知犯王法,亂人道,得罪神明,亦不可不唤醒他。

如你們不吃酒肉,古聖人經上説"爲此春酒,以介眉壽",又云"七十非肉不飽",是聖人制下養老的物,若是不好,聖人便不教人吃了。若有一等性甘淡薄的人不愛吃的也不妨,但不當胡説胡道。甚麽是胡説胡道?即如你們唤日光叫"爺爺",月亮叫"奶奶",那是天上尊神,我們是百姓,最小最卑,那可加以名號?你看,北京纔有日壇月壇,天子纔祭的他,便是都堂道府,也不敢祭,況我們愚民,每日三次參拜他做甚麽?我嘗教一"皇門道"人説:"你去一日三次參拜你縣官,看何如?"他説:"怕竹板打。"參拜縣官便怕板打,若去輕瀆朝廷,頭也斫了。你終日輕瀆那天神,還是降灾不降灾?所以你們多大災,多滅門,這個是犯王法,得罪神明的一端。

又如你們把“日”改做“晌”,把“月”改做“節”之類,也只說是尊日月,不敢冲犯之意。不知我聖人書上說:“非天子不議禮,不考文。”那官府行文都叫“日月”,没有改就“晌節”的禮,没有改就“晌節”的文。你們私議私改,是又一天子了,看是小事,卻犯大法。又如你們把天上參宿叫就“寒母”,又叫“三星”;不知天官書上是“七星”,上面還有兩大星叫“參肩”,下面還有兩大星叫“參足”。你爲甚麽把天神去了他手足?你們把天上房、心二宿,合成一座,叫就“暖母”,不知豎四星是“房”,横彎三星是“心”,你們混雜二宿爲一。律上說:“妄談天象者斬!”這信口胡說,卻犯了大法,你們那裏知道?又如你們男女混雜,叫人家婦人是“二道”,只管穿房入室,坐在炕頭上。不知我聖人的禮,男無故不入中門,女無故不出中門,叔嫂尚且不通問,父兄於女子既嫁而歸,尚且以客禮待之,至親骨肉亦必避嫌,那有婦女往異姓無干的人家去上會的禮?那有異姓無干的男子入人内室的禮?這大是壞人道,亂風俗,你們怎麽不顧體面?我不忍細說,你們思量思量!

古人云:“天地之性人爲貴。”我們在萬物中做個人,是至尊貴的,怎麽反以蟲類爲祖師?便成個仙佛,也是人妖,也可羞。況你們見成了多少仙,多少佛?盡是無影妄談,你們從今莫信他了,回頭做朝廷好百姓,省做會的財物,孝父母,敬兄長,養子弟;省上會的工夫,作活計,過日子。只守王法,存天理,便是真正的善,便受真正的福,免得官府今日拏,明日禁,免得鄉人這個把持,那個訐告。

直隸去處,“皇門道”外,“九門”最多,其犯王法,得罪神明，是一理，何用多言！但你們愚民，若不就名色一一説破那不是處，你們不醒，必有説那門是邪，這門不是邪的，便不肯改邪歸正。“九門道”是斂錢給神挂袍上供的。你們思量，府縣官長也叫人斂錢做衣穿否，做飯吃否？苟非異樣臟官，斷無此理，況於神乎！神要衣食做甚麽？辟如百姓有人斂錢與官做衣食，必是奸民，官府知道，必是打死。神亦如此，定加你罪。你看你那師傅們，都被惡灾，都絶後了，你還不怕麽？

又如你們申文上表上帝，你看，知府巡道那樣大官還上不得本，必自巡撫轉本。當初蠡縣道徐某，拏了殺官破城的大寇，以爲有大功，差人上本，差官當時拏赴刑部，將徐問罪，你們聞知否？道官尚且上本有罪，況你百姓上表於上帝，豈不大得罪麽？

又如你們擺幾碗豆腐涼粉，請甚麽“玉皇上帝”、“東嶽天齊”、“城隍”、“土地”，我們聽的大爲寒心。你們擺下那等東西，敢請縣官否？縣官且請不得，請許多尊神來做甚麽？褻瀆神明，罪必不赦，思量思量！

又如你們供養仙佛在宅上，朝夕朔望焚香叩頭求福，你們思量，人家請幾個和尚道士常住宅内何如？定是不好。佛、菩薩、仙師，都是斷子絶孫，不忠不孝之鬼，凡招這邪氣在宅，自是不祥。看巫蠱鎮魘之術，但埋藏些骨董物件在宅上，便能釀禍；看那邪祟中惡之疾，但占些眚魅之氣在人身，便能爲灾，況常常供此惡鬼，豈不發凶？所以你們供邪神三世者，斷無不絶。你們想想是如此否？

他若“十門”，專以跪香打七爲修善。你看，世間有錢的，叫人跪他幾炷香，便將錢與他，有這理否？便有之，是好人否？那有神明叫人跪他便給福的？可謂愚矣！世間豈有幾日不吃飯便得了道的，又豈有幾日不吃飯便可得福之理？這都是邪人弄個奇怪，驚哄你們，總不如信奉家宅正神，孝敬自己的祖父，方是正道。又若“無爲”、“大乘”、“龍華”等，名目不一。即如古之黄巾、白蓮，隨時改變名色以欺愚俗，小之哄騙錢財，欺誘婦女，大之貽患於國家，釀禍於生民。前朝白蓮之害，近日新河之事，你們不曾聞乎？何不知懼也？你們陷於邪説者深，初聞吾言，未必不怒。請細細思量，方知我愛你們苦心也。看來也與你們無干，你們本心是修善，我們儒者不自明其道，無人講與你們聽，不知如何是善，卻差走邪路上去，我們殊深可愧也！

聞河南一省白蓮教中人，因自明朝山東謀反，朝廷大禁，又改名“清茶會”，又叫“歸一教”，愚民從之者甚衆。其法，晝燃燈佛，供室中幽暗處，設清茶爲供獻，閉口卷舌，念佛無聲，拈箸説法，指耳目口鼻皆是心性。你們不知道朝廷法，任你改换多少名色，就如“黄門”、“九門”，一般都是犯禁的，只做好百姓，孝弟忠信，是善人。你們供燃燈佛，比人家念的阿彌陀佛、釋迦佛改了個名色，也不過是西域番人，當不得我天朝聖人，當不得我天朝皇上。我們現爲天朝人，放著我天朝聖人的道不遵，我天朝皇上的法不遵，卻奉西番燃燈佛，這就不是了。我們愚民，只可做莊稼，做買賣，孝父母，敬尊長，守王法，存良心，便是本等，胡講甚麽心性？我們書上説“率性之謂道”，這子臣弟友便是率性來的，你孝父母便是爲子的心性，你敬尊長便是爲弟的心性。你們鋤田的人，胡講甚麽心性？胡説甚麽“歸一”？大凡邪教人都好説“三教歸一”，或説“萬法歸一”。莫道别的歸不得一，只我儒道祭自己的祖父，自家宅神，你們好祭西番死和尚，這歸一不歸一？要説一是性,你們把率性的子臣理都不知,卻尊他不忠不孝的佛,還歸甚麽一?要説一是空,越發不是了。只看我唤参禪悟道僧道的便醒的了,不必重叙。只你們要各人散去,務農,做生意,莫聚會胡説,便是好人。若有高年識字人,愛隨個會,就遵朝廷法令講聖諭,大家相勸,年少做子弟的如何孝,如何弟,年老做父兄的如何教子孫,成個孝慈風俗,和睦鄉里,各安生理,勿作非爲,朝廷官府知道也歡喜。第一件,要知焚香聚衆,妨你莊農、買賣,正是不安生理,正是作非爲了。

歷代帝王優禮儒生,做秀才時,便作養禮貌,一切差徭雜役,不以相煩。下自未入流,上至三公,皆用儒生做,而儒生不能身蹈道義,以式風俗,可愧一也。不爲朝廷明道法,化愚民,可愧二也。不盡力闢辯佛仙二蠹,以救生民於荆棘,可愧三也。今日儒運,恐遭焚坑、清流之禍不遠矣!僕用是憂懼,輒爲俚説,願凡爲孔子徒者,廣爲鈔傳,於以救生民,報國恩,回天意,庶僕懼心少下也。祝祝。

四卻子曰:提明他法門,從好説到不好處,又從不好説到好處,無非欲唤之醒也。費盡胞與心,其如愚人何?①

① "四卻子曰"一段,《畿輔叢書》本、《顔李叢書》本均無。

卷三

明太祖高皇帝釋迦佛贊解

博陵布衣顔元稿

佛之害,至今日尚忍言哉! 胥天下之周行而埂塞之,胥天下之人物而斬絶之。家家土偶,而不思野鬼入宅,足以招致不祥;户户誦經,而不知覆宗絶嗣之邪教,陰毒浸染,足以害人禍世。甚哉民乎,愚之可憐也! 人徒見高皇帝龍潛皇覺,僧道入品,遂謂佛至明朝,實崇信之,不知高皇識見力量,爲三代後第一君,真龍川所謂"開眼運用,光如黑漆"者,其一時之誤,特倏爾雲翳耳。今觀是贊,放邪衛正,乃益服其識之高,言之切,於世道人心大有功也。而或者謂佛家有謔贊體,太祖以之。予以爲不然,謔伯夷者必謔以陳仲子,斷不謔以盜跖;謔柳下者必謔以胡廣,斷不謔以黄巢。況此《贊》之尾,刀斧森嚴,直使佛逃奸無所。世有鐵案殺人,以爲謔者乎? 即使姑從人言,謂太祖而果謔,此謔也亦率性之謔矣。不佞痛世之愚,妄爲注釋,用公天下,至於辭則效訓諭俗説,庶使荒村父老子婦皆可聽睹,而不敢從事於筆墨之文也。

這個老賊，貪心不輟。

自有這個天地，便有這個人；自有這個人，便有這個君臣、父子、夫婦、兄弟、朋友的人倫，佛氏獨滅絶之；自有這個天地人，便有這個生生不窮的道理，佛氏獨斬斷之；真是個殺人的賊了。高皇命名以此，王言何確也。至"老"之一字，更中其情。賊不老，猶或有悔心，猶或不巧於盜，猶或易撲捉。惟是他老熟於盜，生不回心，死不悔禍，善爲淫詞詭術以欺天下，後世任是聰明伶俐的人，都被他瞞過。吾儒之道，有天地還他個平成，有父子還他個慈孝，有民物還他個仁愛，因物付物，不作自私自利心。釋氏全空了不管，只要自己成個幻覺的性便了，真是貪利行私的；又全無悔意，竭力在那幻妄理上去做，盡力在那幻妄途上去走，則此貪心何時是輟？彼自家卻假説些甚麽清淨慈悲，非聖祖箕大眼，誰能指出他這個"貪"字？

將大地衆生，偷出三界火宅。

釋氏甘空寂，自謂"清涼世界"，故指兩間爲"火宅"。不知乾坤中二氣五行全賴此火。天地非太陽真火則黑暗，人非命門真火則滅絶。忠臣孝子一副熱腸，愚夫愚婦一段熱情，釀成世界，這大地衆生離了火宅，便過不得日子。且釋氏亦自火宅中生出，即結成舍利子，亦是火宅中豆大火光。彼自己且偷出不去，又烏得偷出衆生哉？曰"偷出"者，聖祖原老賊一種偷出貪心而定罪耳。

火便是世間生生不窮的種子，火宅便是世間君臣、父子、夫婦、兄弟、朋友行走的去處，佛氏盡欲偷出，正名定罪，真是老賊了！

掩迹則假滅雙林，逃形在微塵刹界。

此是據佛事實而形容老賊之情狀也。謂在雙林之地，托名假死以掩其迹，又逃其形在微塵刹界，使人莫得擒捉也。然佛雖善逃善掩，天地如烘爐，日月如明鏡；彼在中間，終是不能逃得一步，止落了一個賊害天下之物。

五十年談許多非言，三教中頭一個説客。

佛説法不足五十年，言五十，舉成數也。其間如棄絶父母之言爲非孝，背叛聖人之言爲非法，如天上地下惟我爲尊之言爲非天地，如耳、目、口、鼻、身、意六賊之言爲非人，總之皆非言也。三教者，世俗以儒宗孔子、道宗老子、桑門宗釋迦爲三教。我夫子祖述堯、舜，憲章文、武，躬行六德、六行、六藝，非徒以口説者，而且爲天地肖子，爲衆生父母，至親也，不可言客。即老子玄牝守雌，微異吾儒，然孔子稱其猶龍，老子習於禮，自言以道治世，其鬼不靈，則亦非徒逞口説者。況當時爲周柱下史，亦中國人臣也；生於苦縣，亦中國人子也；凡天下李姓皆祖之，亦中國人父也，不可謂之客。飛霞紫氣之説，乃後世道家者流妄托耳。惟釋迦空天地，空萬物，亦空其身，全無一些行實，專事口説。生於伽毗羅國，行於天竺國，與中國全無干涉，真是個客。且空天地，則天地孛蝕之客氣；空萬物，則萬物游魂之客忤；自空其身，則此身追命之客鬼。“説客”二字，確乎不可易矣。然説客又坐之以“頭一個”者，何也？如儒之莊、列、儀、秦，道之五利、靈素，釋之佛圖澄、鳩摩羅什，或以口説，或以筆説，皆説客也，而不若釋迦爲最。

普天下畫影圖形，至今捉你不得。

賊與帝王勢不兩立，有賊則帝王之教化不行，宇宙之民物不安，宜急急捉者。故遍天下畫爲影像，圖爲形色。毬毛跣足，明是老賊之狀；破額裸身，明是老賊之體；閉目趺坐，明是老賊好爲佚逸之態，亦易知易見，可一索而速擒者，乃至今捉之不得，則中國之禍，何時已乎？

人民何辜，遭此土偶作祟！太祖獨曰，吾將畫影圖形以捉之也。是大聰明，大手段。故末二句果然捉住。

呵呵呵！没得説，眉毛不離眼上横，兩耳依然左右側！

此一段，便是高皇捉住佛處。呵呵呵，大笑聲也。佛全憑口説，而今笑你將何説乎？你眉毛依然在眼上横著，你何不空此眉？兩耳依然在左右長着，你何不空此耳？蓋五官、百骸是開闢來有的，五倫、百行是盡人外不了的。佛空父子，必是空桑頑石生的然後可；然縱生自空桑頑石，而空者猶是桑，頑者猶是石，豈是空的？空君臣，則普天之下莫非王土，天地是天子的父母，四彝是天子的手足。佛若説空，則上不得天，入不的地，遁不得山林，逃不得外國，佛將安之？空兄弟、朋友，而又廣度生徒，是去絆而戴枷了，豈止不能空乎？空夫婦以絶生生之道，而自己卻欲結舍利子以長存，這還説是空的？太祖指其易見處，就眉與耳言之，而老賊情狀畢露，伎倆盡窮，束手就擒矣。唐高祖沙汰一敕以後，録捉賊之功，太祖其首乎！

卷四

毁念佛堂議

東鹿張鼎彝號東巖①

元藏拙草茅，素不慣交顯達。一時君子，蓋多其人，苦愚陋無由知。以尋父游遼左，貶節叩號，無門不入。奉天少京兆東鹿張先生爲吾友尚夫兄，且憐苦子，爲頒布報帖所屬，是以得侍坐側，聞此議也。謹録爲喚迷助。

甲子，張子奉簡命督學奉天，既抵瀋，適《通志》成，大京兆以其稿屬爲讎校。見其志祠祀，錦北關有曰"念佛堂"者，喟然曰：風俗之不淑，民無禮也；人心之不正，上無教也。子輿氏曰："不以堯之所以治民治民，賊其民者也！"堯之所以治民者何也？"勞之來之，匡之直之，輔之翼之"，使蚩蚩者氓，日用飲食，曉然於三綱五常，而不敢於邪慝斯已矣。錦州爲我朝龍興地，太祖、太宗暨世祖皆嘗以堯、舜之治治之者也。今上命吾儕來尹兹土，罔將曰，爾受兹嘉師，庶"勞之來之，匡之直之，輔之翼之"，以無負我二三城堯、舜之民也。錦民者

① "號東巖"，《畿輔叢書》本、《顔李叢書》本均無。

竟群然以念佛爲業，而又肆然鳩工庀材而樹之堂，而又巍然峙於都會之衢，而又煌然登諸《通志》，以昭示夫天下後世。所謂“勞之來之，匡之直之，輔之翼之”者，固如是耶？

余竊以爲懼，爰召太守某君而議曰：“盍毀諸？”辭曰：“錦民之習於是也衆，且匪伊朝夕矣，仍之便。”予瞿然曰：“佛法至漢明始入中國，迄今千餘年，西方聖人之名遍海澨，凡名山大川靡不有珠宫貝闕，以供香火。然聖君賢相雖未能盡去髡髮之侶，斷未有等釋氏於二帝、三王之道，迪萬世以祈雍熙者也。即蕭瑀、王欽若之徒，爲聖君賢相所不齒，亦不敢播爲令甲，以合掌當空閉門誦經之事號召乎寰區也。甚而至於佛圖澄之佐石勒，姚廣孝之佐成祖，身本緇衣，而得君行政，奏底定之勳，宜以其術易天下矣，卒亦未敢擷一言於制治之書，俾有室有家者，胥率彼天竺教，作六時梵誦也。子太守當堯、舜在御，而乃使錦之民群然以念佛爲業，肆然鳩工庀材而樹之堂，巍然峙都會之衢，煌然登諸通志以昭示天下後世，爲蕭、王、佛、姚所不爲，將何以無負嘉師而對揚天子之休命？至不矚于非義而諉諸衆且久，則甚矣子太守之餙也！

聞之義州鄉俗，故重佛、老及諸不經之神。有毉閭先生者，製祀外神文，祝而悉焚之，一時翕然，無或梗焉者。夫義之民衆矣，其俗亦非一日矣。醫閭不過一謝病鄉先生耳，非其有責也，非其有權也，乃毅然行之，而義州人無敢梗焉者，豈有他歟？躬行以導之，積誠以動之，坦白洞達以曉之，雖甚頑愚，固無不可格之民也。子太守保釐東郊，民之表也。誠破其餙而振其諉，何畏乎徒之繁而淫於俗者之深且久哉？若念錦土瘠凉，其材或可惜，則錦向有遼右書院，爲明樊介福直指所建，借其地而復之，集郡之俊秀實其中，而課之以白鹿洞之規條，救俗育才，均有賴焉，其誰曰不宜？惟子太守勉旃！”弗應，默然而退。嗟呼！義，錦屬也。豎閭先生之子若孫猶有存者，寧無聞之而齒冷？

闢念佛堂説

京兆方構前議，未成稿；予適入衙，歡然詔予曰：“闢異端，渾然素志也。念佛堂之設最爲不經，盍爲我闢之？”予退，草此以進。

昔者聖人之治天下也，惟務生人；其生人也，務厚人之所以生。故父子，人之相生也者，教之孝慈；兄弟，人之同生者，教之友恭；夫婦，人之從生者，教之義順；君臣朋友，維人之生者，教之令共與信。恐人之未必克盡於是教也，爲之立學校、以宜行藝，鳴鞀鐸以警道路，導之也；爲之法度藏諸王府，律令懸之象魏，示之也；入教者賞於祖，出教者刑於社，令民知所趨避也。聖人之公卿百執事，以及州牧里師，咸奉是以勤其職，聖人亦以是上下其績，此二帝、三王之治之所以隆，而風俗之所以美，爲繼天立極之化也。

降及秦、漢，治雖不古，而君臣、父子、兄弟、夫婦、朋友，凡天下之爲生者，未之有改也。自漢明帝乃西迎，以死教天下之妖鬼，入我天朝，其號曰佛。五蘊皆空，①是死其心及諸臟腑也；以耳目口鼻爲賊，是死其身形也；萬象皆空，是并死山川草木禽魚也；推其道易天下，男僧女尼，人道盡息，天地何依？是并死世界宇宙也。舉振古來十百聖人所以生天下之道法盡夷滅之，舉千萬載生民所以相生、從生、同生、維生

① “五蘊皆空”下，原衍“曰”字，據《畿輔叢書》本、《顔李叢書》本删。

者盡斬斷之。然人君迎之，親王奉之，歷代風靡，寺庵遂遍天下，仁人君子望清涼臺，未嘗不痛心疾首也！

然寺庵雖儼然立，僧尼雖公然行，而都鄙不寺不庵之地，閭閻不僧不尼之人，猶未有異名別號以倡邪説者。迨紅巾、白蓮始自元、明季世，焚香惑衆，種種異名，旋禁旋出，至今日若"皇天"，若"九門"、"十門"等會，莫可窮詰。家有不梵刹之寺庵，人成不削髮之僧尼，宅不奉無父無君之妖鬼者鮮矣，口不誦無父無君之邪號者鮮矣。風俗之壞，於此爲極。猶幸國朝嚴擅建庵觀寺廟私度僧尼之禁，凌遲無生老母，屠夷新河妖人。煌煌顯律，凛凛王章，愚民猶有不辨邪正，不畏生死，相聚念佛者，仁人君子所以聽佛聲，未嘗不痛心疾首，淫淫淚下也。噫！

愚民何知？妄謂念佛可以致福免禍耳。殊不思福者何？子孫昌、家業富之謂也；禍者何？絶子孫，無家業之謂也。彼佛者，有子孫耶？有家業耶？佛已無福，念之其可以致福耶？佛已大禍，念之其可以免禍耶？況天地鬼神昭昭在上，不可以僞言欺，苟不實踐忠孝，篤行仁義，即口稱忠臣孝子之名，日誦大仁大義之語，天地鬼神必且靳之福而降之禍。況口稱不忠不孝之非鬼，日誦賊仁殘義之邪言，天地鬼神其不益怒而加禍耶？以念佛求福，愚且妄矣！念佛已愚且妄，況聚爲群社，立之室堂，公然建之城市，聞之官長，其干法壞俗、又何等耶？是又愚之愚、妄之妄者矣！

今《錦州府志》有云"念佛堂"者，世未前聞。官吏非徒不之禁，而且顯登之記載，以長邪俗，污典册，奈何不知聖人生天下之教，而忍於助死天下之教也。仁人君子所以閲《錦府·祠祀記》，未嘗不痛心疾首，淫淫淚天下也。噫！

擬諭錦屬更念佛堂

既呈前説，京兆遂出所議示予。予曰："經世之文也。"然竊念議之闢之，不若直行文更之，遂草此進。

嗚呼錦守！天生蒼赤，爰賦恒性，叙爲五典，釐爲百善。順之吉，逆之凶。矧其棄之，鮮不殄滅！

越自東漢，皇天降割，於我時夏，使西番妖法入，惑我黔首，五典咸墮，百善俱廢，忍絶天性，謬托慈悲，苦戾人情，妄稱極樂。沙門輩復敢恣爲幻灝，創爲十王、陰獄諸危酷，恐慄我赤子。謂呼乃佛號，立致種種福，立脱種種難。

嗚呼！惟德動天，非修善克允，福弗倖邀；非改過克允，禍弗苟免。舉口而致，斯民疇不易從。始迷是非，繼反榮辱，終至不畏刑戮，生死是以，呼佛成俗，敢營堂城市，罔知禁忌。

嗚呼錦守！小人何知？惟君子心思；小人何識？惟君子耳目。素迪不勤，素戒不飭，今復顯登之志册，以翼邪俗。嗚呼！予兹懼上干天子降罰，傳譏於後世。

嗚呼錦守！易乃風俗，是責吾儕。其罷堂中所有，更匾額曰"鄉約所"，仰承天子制，選老成德望，朔望講讀聖諭，訓正斯民，無俾終惡。

嗚呼！予聞兹土醫巫閭先生賀子欽易諸佛刹爲書院，講朱考亭《白鹿洞規》，淑俗明季，當日士夫齊民胥安從之，罔有異。矧予暨汝，實尸名位，孰與鄉先生反掌丕變，信無梗？無俾志册比觀，取羞賀賢。勖旃錦守！易一時羞，作千古美。錦守勖旃！